旧かなを楽しむ

萩野貞樹

目次

第二章　旧かなはわかりやすい

第三章　和歌・俳句で新かなは無理

第四章 正確な文語に慣れる

第五章 盛大なる「改竄」日本

第六章 すこし練習、大きくおぼえる

プロローグ——読者のみなさんへ

つぎの文章を声に出して読んでみてください。小学三年生用国語教科書（前期用）にあつた文章の一節です（一部、仮名を漢字に直してあります）。

どこからともなく、綿のやうに白い、やはらかな柳の花がとんで来ます。さうして、兵隊さんの肩の上にも、子どもたちの頭の上にも、そつと止ります。寒い冬は、もうすつかり、どこかへ行つてしまひました。

さて、読めましたか。

小学三年生、満八歳の子どものための教材です。問題なく読めたはずです。

ところがそれはもしかすると、私がただ「読んでみてください」とだけ言つたからかもしれません。もし私が、事前にこんな注意をしたらどうだつたか。

さ、みなさん、これを読んでみてください。ただしこの文章は戦時中の国定教科書から取つたもので、歴史的仮《か》名遣《なづかひ》です。旧かなの文章です。いまの「現代仮名遣い」とはちがひますからよく注意するのですよ——

＊　＊　＊

さてさつきはかなづかひなんかまつたく気にもせず気がつきもせずすらすらと読めたあなたが、こんどはあちこちで躓《つまづ》くのではないか。

島崎藤村の詩『潮音』はどうでせう。改行をせず示してみます。

　わきてながるゝ　やほじほの　そこにいざよふ　うみの琴　しらべもふかし　もゝかはの　よろづのなみを　よびあつめ　ときみちくれば　うらゝかに　とほくきこゆる　はるのしほのね

これも同じではないでせうか。なにも考へずに直接あたれば、これらはなんの抵抗もなく口にものぼり、胸にも落ちるといふことになる。気安く向へばどうといふことはないものです。

学生たちも、ただ指名して読ませればすぐ朗々と読むのに、かなづかひの注意をするとたちまち詰まつてしまつて、「しほのね」なんか「シ、ホノネ」なんてやりだす。読めなくなるのです。妙に意識すると頭が固くなつてしやちほこばる。

ゆつたり構へれば先祖伝来、田舎の父母祖父母が空気のやうにその中で暮してきた歴史的かなづかひがむづかしいわけはありません。

＊＊＊

あなたは自分が夢中になつて読んだ本、たとへば漱石の『こころ』『坊つちやん』、三島由紀夫の『潮騒』、川端康成『伊豆の踊子』が、新かなだつたか旧かなだつたかおぼえてゐますか。おぼえてなどゐないでせう。これらはいまの文庫本ではなくすこし大型の本で読んだとすれば、みな歴史的かなづかひです。読み終へたあなたに「その本はどつちだつた？」ときいたら、きよとんとして答へられないにちがひありません。

歴史的かなづかひといふのは、文字どほり歴史的に形成され整備され安定してきたものですから、不自然なところがありません。ふだん意識はしませんが、私たちの血肉になつてゐて、「しほがま煎餅」だの「横浜しうまい」だの「駒形どぜう」だのが読めなくてうろうろする人はあるまいと思ひます。

もつとも「しうまい」「どぜう」などはちよつとした問題があつて歴史的かなづかひとは言ひ切れませんが、なにしろけつして新かなではない。旧かなの感覚でなくては読めない表記です。

要するにみな歴史的かなづかひをなんの抵抗もなく受け容れながら、受け容れるだけでなく親しんでゐる、といふのが現在の状態ではないでせうか。

＊　＊　＊

読む方にはなんの問題もないのですから、どうせなら書きかたもおぼえてみようか、といふのがこの本です。

俳句なり短歌なりを作る場合はもちろんですが、ちよつと日記や葉書でも旧かなですらりと書けてみると、なかなか気持がいいものですよ。友だち同士のメール交換などでも、ちよつと気取つて旧かなでやつたらずいぶん楽しいのではないでせうか。「きのふは会へなくてザンネン。けふ三時に渋谷いつものところで会ひませう。待つてゐますよ」なんていかがですか。

あるいはまた激しく会ひたい恋心でも、あんまりはつきり言ふのも照れくさかつたりしますから、たとへば、

たまさかにきのふのゆふべ見しものを

とでもメールを発信する。これは万葉集の歌の上の句で、下の句は、

けふのあしたに恋ふべきものか

です。だから上の句だけを送れば気持は伝はる。昨日の夕方に会つたばかりなのに、けさ起きてみたらもう会ひたくてたまらない。こんなにも恋しいものなのか——といふあなたの熱情が。

さうだ、みなさん、恋はメールで旧かなで、なんていいぢやありませんか。ついでにわびさび、幽玄も旧かなで、といふわけです。

＊＊＊

余談ですが私はテレビで時代劇をよく見ます。すると果し状や恋文、瓦版、お達し書などが画面に出てくることがありますね。あれはまづはかならず新かなで書かれてゐる。江戸時代の文書が昭和二十一年からの新かなで。あれはがつかりです。あなたもテレビドラマの関係者にならないともかぎらない。そのためにも、おぼえておいて損はありません。いちど要領をおぼえてしまへば、自転車の乗り方と同じであとはなんとかなるものです。

この本が歴史的かなづかひで書かれてゐるのは、読み終つたときにはすでにそれが身についてゐる、といふ具合になつてもらひたいからです。

本書では「旧かな」といふ言葉をよく使ひますが、「旧」の字があつてわるくちみたいですね。しかし、これはまあ「便宜」のゆゑです。字数が「歴史的かなづかひ」の半分以下ですから。

小手だめしメール問題

ところで、若い女性三四人《さんよ》に無理を言つてメールをのぞかせてもらひました。もちろんその前になにかコチョコチョやつてゐましたから、ヤバイ文句や固有名詞などは消したのでせうが、とにかくつぎのやうなメールの文を首尾よく入手しました。

みなさん、ひとつこれを旧かなに直してみてください。もちろんまだ予備知識はそれほどないわけですからまちがへるでせう。それも結構。とにかく旧かなつてこんな感じぢやなかつたかな、といふノリでまづやつてみませう。例題からどうぞ。

【例題】

アノヘンワカリズライイジャナイ？　イセタンショウメンジューニジニシマショーヨ。

【解答】

「あのへん、わかり」は大丈夫でせう。このままです。「分かり」「あの辺」と漢字も結構。ただし「辺」とやれば「あたり」とも読まれます。この場合はそれでもよろしいでせう。

ワカリズライは「わかり、つらい」といふことですから「わかりづらい」となります。ただこれはかなづかひの問題ではないけれども「わかりづらい」といふ言葉は変ですよ。「わかりにくい」と言ふべきです。「打ちづらい球」「取りづらいゴロ」といふ野球の掛布語が拡まつたのでせうか。

ジャナイ？ は「ぢやない？」です。ジャはもともと「では」の形です。「では」のくづれで「だぢづでど」のダ行ですから「ぢ」を使ふとおぼえてください。

イセタンはデパートの伊勢丹ですから漢字にします。ショーメンは字音かなづかひなら「しやうめん」ですがふつうは漢字で書いて「正面」。ジューニジも漢字で「十二時」または算用数字で「12時」です。

シマショーヨは「しませうよ」です。敬語の助動詞「ます」の未然形「ませ」に勧誘の助動詞「う」が付いたものですから「ませう」となります。

シヨーヨのときは「しようよ」です。「よう」といふ形の助動詞です。「やう」ではありませんよ。

「しようよお」とか「しようよ〜」とか書くこともありますね。「だからよお」「つまんねえや」「だってえ」「しちやってさあ」の類は発音の様子を写したものですからそのままに書きます。

さて問題。

【例題】

① ユーチャン、タノシソーダッタネエ

② ドーイッテヤローカ、ミーコナラドーオモウ?

③ リカモッテレテイコーカトオモッテイルンダケド、イイ?

④ ハズカシーッ、アードーシヨー

⑤　オカシナオトコトツキアイハジメタジャナイ
⑥　キノーワハナシアワセレナクッテサア、ゴメンネ
⑦　サッキワヨクキコエナカッタノ、メールチョーダイ
⑧　ミッチノユートーリダッタ。マイリマシタ、ソーシマス
⑨　コンドオーゼイデ、シアワセナヨースオミニユクワ
⑩　オメデトー、コイスルオトメヨリ

【解答】
①　ゆうちゃん、楽しさうだつたねえ。
②　どう言つてやらうか、ミーコならどう思ふ？
③　利香も連れて行かうかと思つてゐるんだけど、いい？
④　恥づかしいっ。ああどうしよう。
⑤　をかしなをとこ（男）と付き合ひはじめたぢやない。

⑥ きのふは話合はせられなくつてさあ、ごめんね。
⑦ さつきはよく聞えなかつたの。メールちやうだい（頂戴）。
⑧ ミッチの言ふとほりだつた。まゐりました。さうします。
⑨ こんどおほぜい（大勢）で、しあはせなやうす（様子）を見にゆくわ。
⑩ おめでたう。恋ひするをとめより。

どうでしたか。やつぱりいくつかはちがつてゐたでせうね。それでも、さうか、この程度か、といふ気分にはなつてくれたでせう。さう、この程度です。あとはすこし、旧かなを使ふ意味まで含めてながめてゆくことにいたしませう。

【注をひとこと】

① 木綿子なら「ゆふ」、裕子なら「ゆう」。でも愛称だから「ユーチャン」でも結構。
② 「どう」に注意。「やらう」は「やらむ」の音便です。

③「行かう」は「行かむ」の音便。「ゐる」「をる」はおぼえませう。
④「どうしよう」に注意。「仕様がない」のときは「しやうがない」。
⑤「をとこ」「をんな」。年取つた女性をいふオンナ（嫗）は「おんな」。
⑥「合はせれない」はやめませう。「合はせられない」。
⑦「聞え」に注意。もともと「きこゆ」だからヤ行で「きこえ」。
⑧「さう」は、「さほど」「さばかり」の「さ」が延びたものです。
⑨「やうす」の「やう」は、漢字の「様」の字音《じおん》仮名遣《かなづかひ》です。
⑩「めでたく」の音便ですから「めでたう」。

第一章

旧かなで楽しむ和歌・俳句

●古い言葉は変化に富む

まづひとつ、こんなものを話の材料にしてみます。

ほのかなる鶯《うぐひす》聞きつ羅生門　（小西來山《らいざん》）

道のべの木槿《むくげ》は馬にくはれけり　（松尾芭蕉）

いい句です。じつくり鑑賞したいところですが、いまはさうではなく、いはば本書の狙ひのための枕として挙げました。

本書では和歌・俳句を話題とすることが多くなると思ひますが、それは、いまはふつう、新聞雑誌はじめ多くのものが新かななのに和歌・俳句の世界では歴史的かなづかひがだいたい守られてゐて、みなさんの目に触れる機会も多く、話がわかりやすいと思ふからです。

そして話がわかつてしまへば、みなさんは手紙もメールも日記も、旧かなで自由自在といふことになるわけです。そのためにしばらくはこの枕と、その他二三《にさん》のことを材料に、和歌・俳句では古語らしきもの、文語といふべきものを使はなくてはうまくいかないことを見て行きませう。

うまくいかないとはつまり便宜でない、不便であるといふことです。

ところが古語・文語といふのは歴史的かなづかひでしか書けませんから、結局は歴史的かなづかひを使ふのが便宜である、重宝であり合理的である、つまりはやさしい、といふことになります。そんなに便利なものならふつうの文章にも使つた方が得かもしれませんね。もつとも文法上は和歌も俳句も「文章」ですが。

新かなについてはこれを批判する立場から便宜主義であると言はれることがありますが、実はその反対で、もし批判するなら不便だからと言ふべきでせう。

文語は変化に富む

和歌や俳句をつくるときには、なるべくは伝統的なことば、歴史の中でみがき上げられてきたことばを使ふやうに指導されます。

それはいつたいなぜなんだと考へてみたことはありますか。もしかして、ただ古典的な形の詩なのだから当然だとか、あるいは優雅だとか美しいとかやはらかだとかいふ理由で、古語を使ふのだと思つてゐるかもしれません。

それはしかし、ちよつとちがふ。実は現実的で合理的な理由があるのです。そのことをいくつかの項目に分けて述べますが、その前に、私が「伝統的なことば、歴史の中でみがき上げられてきたことば」と言つたのはどういふものを指すのか、一応言つておきます。

それは要するにやまとことばのことです。古来からの日本語といふことです。古来からのやまとことばといつても、うるさいことを言へばいろいろあります。いつからのものが「古来」なのか、などと言はれたらだれだつて困る。それはもう常識的に取つてもらふしかありません。いくら純粋日本語でも「むづい」だの「やべえ」だのといふ俗語は原則として外します。

もちろん特殊な効果を持つこともあるのでけつして使はないといふのではありませんよ。

ライターの火のポポポポと滝涸《か》るる　（秋元不死男）

ルンペンのうたげの空の星一つ　（篠原鳳作《ほうさく》）

などは、俗語と言つていいでせうが傑作ですね。かういふことはあります。そんなことは当たり前の話ですから、私がこれからなにを言つた場合でも、「さうとは限らないだらう」といふ種類のつまらない疑問だけは持たないやうにしてください。この世に「限る」ことなんてまづはないのですから。

さて、結局は「やまとことば」の古語といふことになります。つまりは新語、漢語、ヨーロッパ語などではないものをなるべく使ふことになります。

やまとことばの古語といつてもまたいろいろです。「文（ふみ）」「竹（たけ）」「梅（うめ）」「馬（うま）」などは本来は漢語ですが、私たちにはもうそんな感覚は残つてゐません。和語といつていいでせう。

漢語は一応避けるべきなのですが、來山の句にも「羅生門《らしやうもん》」はあるし、それはいくらでもある。ただ漢語でも十分こなれたものとさうでもないものとがあつて、羅生門だの、行水《ぎやうずゐ》、炬燵《こたつ》、灯籠《とうろう》、節句、僧、風流《ふうりう》、草履《ざうり》などはほとんど和語であり詩語です。一方「現物」「家電」「随時」「的確」「客観」などはあまり使ひません。

●――たとへば「つ」と「けり」

さてこんなわけで私たちはなるべく「詩語」といふべきものを使ふ。和語のしかも古語を使ふ、といふわけですが、初めに言つたやうにこれには合理的な理由があります。そこで初めの二句を見てみませう。

ほのかなる鶯聞きつ羅生門

道のべの木槿は馬にくはれけり

これらの句は、鑑賞ぬきで露骨に現代語に直すと、それぞれ、

ほのかな鶯を聞いた羅生門
道ばたの木槿は馬に食はれた
となります。

もちろん、解釈文を書く段になればいろいろ工夫はしますよ。早春のある一日、羅生門のほとりを通りかかつて、ふと鶯の声を遠く聞いた。ほのかに聞えただけではあるが、あれはたしかに鶯の声にちがひない。とかなんとかなるわけです。しかし現れた言葉は要するに「ほのかな鶯を聞いた羅生門」といふことです。

傍線部を見てみます。「聞きつ」は「聞いた」となり、「くはれけり」は「食はれた」となつてゐますね。現代語の方はどちらも「た」です。しかし原文では「つ」であり「けり」です。

つまり、現代文では同じく「た」となるしかないやうなものでも、古語・文語で表現すると変化が出る、多様な表現が成り立つ、といふことになります。

そしてそれらの間の微妙な意味上のちがひも的確に言ひ分けることができる。

これはたいへんな得です。いまふうに言へば非常なメリットです。

だいたい短歌にせよ俳句にせよ、世界でも奇蹟的なほどに短い独特の詩形ですから、どうかすると表現が単純で画一的になりやすい。聞いた、食はれた、尋ねた、入れた、といふわけで、どうもおもしろみに欠ける。ところが古語を使ふことによつてがらりと様相が一変します。

いまの例で言へば「ほのかなる鶯聞きつ──」の場合、この「つ」は完了の助動詞といはれるもので、たつたいま聞いて心が動いたといふ、ある新鮮な感動が効果的に表現されてゐますし、もし聞いたのがたつたいまのことではなく昨日のことだつたとしても、自分は聞いた、たしかにこの耳で聞いた、といつた勢ひが感じられるものとなつてゐます。ただ「鶯の声を聞いた羅生門」といふだけではどうにもなりません。

しかもこの「つ」は、鶯の声を聞いたといふ内容を単なる事実報告ではなく、世界の一端を切り取つて、独立した文学として押し出すはたらきの「切れ字」

となつてゐて、一句の要《かなめ》の地位を占めてゐます。といふよりは逆に、完了の助動詞「つ」はいま述べたやうなものであることから「切れ字」として有効に働き得る、といふべきかもしれません。いづれにせよこの「つ」は、一句を一句として成り立たせる鍵にほかならず、とても現代語の「た」が負へるやうな軽い荷ではありません。

また「道のべの木槿は馬にくはれけり」の「けり」は、文法では過去の助動詞といはれます。同じく過去の助動詞に分類される「き」と対照させて「伝聞回想の助動詞」などともいはれますが、単なる過去とはちがつた思ひ入れのこもつた語法です。

現代語法ならばただ「食はれた」といふだけですが、なんとまあ、いま馬上から眺めてゐた木槿が、馬に食はれてしまつたよ、といふやうな、これまたある驚きがうかがはれ、読者もまたその事態の意外さに驚くといつたものになつてゐます。現代口語だけでそんな気持を伝へるのはたいへんな話ですが、芭蕉だから当然ながら、文語の徹底した理解の上に立てば、これだけの働きをさせることができるわけです。もちろんこれが「切れ字」として一句を強力な「世界」に仕立ててゐることはいふまでもありません。

「けり」は伝聞回想ともいふやうに、いつとも知れぬ遠い過去の、確実とも言へない事柄を言ふときにも使ふ言葉で、

いまはむかし、竹取の翁といふものありけり

といふ具合になる。『伊勢物語』の、

むかし、男ありけり

なども同様です。さらに、

今宵は十五夜なりけり

などと、改めて気づいて詠嘆する場面にも現れる語で、まさに「思ひ入れのこもつた」言葉です。

芭蕉の『野ざらし紀行』のこの木槿の句では、大むかしの話ではなく眼前の景を詠んでゐますが、一種古代的な調べに同調して行かうとする気配があるのは、この「けり」がよく利いてゐるからでせう。さういへば、「道のべの」と来れば西行の、

道のべの清水流るる柳陰しばしとてこそ立ちどまりつれ　（西行物語）

が思ひ出されます。芭蕉の胸にも、かうした古人へのあこがれがたゆたうてゐて、それが「けり」に結実したと言つてもあながちこじつけでもないでせう。それがただ、「馬に食はれた」といふだけではどうにもなりません。

◉――タ、タ、タはいやだ

挙げたのはたつた二例ですが、このやうにタ、タ、タと行きさうな文末を、それぞれの思ひをこめて、しかも表現上の変化をつけながら言ひ切るためには我が国語の古語はみごとな働きをします。もちろん異国の言葉は異国の言葉で、

優れた詩なら変幻自在のものでせうが、とにかく国語の場合はこんな具合です。

行水も日まぜになりぬ虫の声　（小西來山）

行く春を近江の人とをしみける　（芭蕉）

衰ひや歯に食ひあてし海苔の砂　（芭蕉）

雪とけてくりくりしたる月夜かな　（小林一茶）

かうしたものも、傍線部は現代語ではただ「た」となるだけです。

せつかくですからこれらの句についても簡単に言つておくと、「日まぜになりぬ」の「ぬ」はさつき挙げた「つ」と同様完了の助動詞に分類されます。「もはや、かうなつたのだな」といつた気分を表します。現代語ならただ「日まぜになつた」です。

「をしみける」の場合は、この「ける」はさきほどの「けり」と同じ語ですが、いはゆる連体止めとなつてゐます。連体形で止めるのは係り結びの場合なのですが、ここでは少々破格で、係り結びでもないのに連体止めです。かうした表現法をとることで、別れを惜しんだその気持が余情も深く表現されてゐます。

つまり、現代語なら同じく「た」となるはずのものが、文語では「けり」でも「ける」でも、あるいはまた已然形の「けれ」でも表現できるといふわけです。

「し」に注意

「食ひあてし海苔の砂」の「し」は、過去の助動詞「き」の連体形です。この助動詞はくれぐれも気をつけてもらひたいものの代表格で、まづ活用の形が独

未然	連用	終止	連体	已然	命令
せ	○	き	し	しか	○

特です。

この活用の形はかならずおぼえておきませう。○印は、この用例がないといふことです。おぼえかたですが、連用形がないからといつてけつして「せ・き・し・しか」とはやらないやうに。かならず「せ・マル・き・し・しか」とやること。さうしないとかならず混乱しますから。

さてこの「き」は過去の助動詞ですが「けり」と対照させて目睹《もくと》回想の助動詞ともいはれ、自分の現実の体験として見聞したことを表現するのが基本です。

ここでは砂を歯に食ひ当てたといふことがまさに自分自身の現実体験であることを、有無をいはせず伝へてくるのです。聞き伝へた話、不確実な話などではありません。

砂を歯に食ひ当てて、その瞬間にわが身の「哀ひ」を実感した作者のなまの声、それがこの「し」によつて読者に直接伝はつてくるのです。

●―「き」と「たり」は全然ちがふ

この「き」を完了の助動詞とまちがへて使ふ人が多くて、現代の新聞歌壇俳壇などではちよつと収拾のつかないほどになつてゐます。現代語で「た」となるものならば何でも「き」「し」とやる人が多い。ぜひ気をつけてもらひたいのですが、それについてはあとでまた言ひます。

「雪とけてくりくりしたる月夜かな」の「たる」は、完了の助動詞に分類される「たり」の連体形です。ことがらは完了してゐるのだがその状態がいまも続いてゐる、といふことを示すのが基本の働きです。「紫だちたる雲」「人の寝たる夜中」といふ具合です。つまり、雲が紫立つたのが過去のことだといふのではなく、紫立つた状態が現在も続いてゐるのです。人の寝たる夜中の場合、寝たといふ過去の事実を報告してゐるのではなく、人が寝て、そのままで現在も寝静まつてゐるこの夜中、といつた意味になります。「くりくりしたる月夜」は、くりくりした状態となつて、そのまま続いてゐるこの月夜、の意味となります。

これらはぜんぶ、現代語ならば「た」とするしかありません。

「たり」は古くから実に使ひでのよい語だつたために非常に優勢となつて、現代語の「た」はこれの変化したものです。

●——「り・る」ってなに

そのほかたとへば、

さを鹿のかさなり臥《ふせ》る枯野かな　（服部土芳）

の「る」なども完了の助動詞「り」で、「かさなり臥す」といふ一回性の動作は終つてゐるが、その臥した状態は続いてゐる、といふことを言つてゐます。いま現在その状態が続いてゐる、といふことにだいぶ比重がかかつてゐるので現代語訳するときは「てゐる」と現在形で訳すことも多いのですが、やはりもともと完了ですから、原則的に「た」です。

やまとのくににまかれりける時に、雪のふりけるを見てよめる

あさぼらけありあけの月と見るまでに吉野の里に降れる白雪（古今集巻六）

坂上是則《さかのうへのこれのり》の名高い歌ですが、傍線部の「り」「る」「る」の三つはこの助動詞「り」で、どれも「た」と訳すことができます。

——大和の国におもむいた時に、雪の降つたのを見て詠んだ。

朝、ほのぼの明けのころほひ、あたかも有明の月が出てゐるのかと見えるほどに、吉野の里に降つた白雪が、ほんのり白く里をおほつてゐることだ——

だいたいこんな意味となるでせうが、「り」「る」ともに「た」と訳されてゐます。右の訳文はいはば鑑賞的に訳したもので、無愛想にやれば、「あさぼらけの中、有明の月かと見るまでに吉野の里に降つた白雪よ」くらゐのところでせう。やはり「た」と訳して差し支へありません。

この部分は、「吉野の里に降つてゐる白雪よ」と訳すこともでき、『新日本古典文学大系・古今和歌集』（岩波書店）ではさうなつてゐます。ただこのやうに訳してしまふと、いま目の前で霏々《ひひ》として降りつつある雪、といつた感じにも聞えますね。だからここは「降つた白雪」の方が適当でせう。

この現代語の「た」は、「先週土曜の午後、私は映画を見た」の「た」とはちがひます。「昨日降つた雪が、もうすつかり消えてゐる」の「た」ともちがひます。降つた雪がいまもそこにあることを表現してゐるのです。

壁にかかつた絵

折れ曲がつたくぎ

などと同様です。

降れる白雪の「る」はかうして、現代語ではやはり「た」となります。

●―「た」はたいへんだ

かうして見ると、

き・けり・つ・ぬ・たり・り

といふ助動詞とそれらの変化形がほとんど全部、現代語では「た」となることがわかります。逆に言へば、現代語で「た」となるものは文語では実にたくさんの表現形式があるといふことです。ちよつと並べてみませうか。

死にし子かほよかりき　「死んだ子は顔がよかった」（土佐日記）

死にし子かほよかりき　「死んだ子は顔がよかった」

昨日《きのふ》の振舞《ふるまひ》こそ優《いう》に候《さうら》ひしか　「まことに優れたものでござった」（平家物語）

梅の花咲きたる園の青柳はかづらにすべくなりにけらずや

「なったのではないか」（万葉集）

いとやんごとなききはにはあらぬがすぐれて時めき給ふありけり

「特にご寵愛を受けてをられるかたがあった」（源氏物語）

人、榎《え》の木の僧正とぞいひける「と言ったといふ」（徒然草）

儀式をもてなし給ひけれど「とりなしなさったのだが」（源氏物語）

心よわくことうけしつ「引き受けてしまった」（徒然草）

恋ひわびぬ海人《あま》の刈る藻にやどるてふ我から身をもくだきつるかな
「身をくだいたことだ」（伊勢物語）

旅なれば思ひ絶えてもありつれど家《いへ》にある妹《いも》し思ひ悲しも
「あきらめ切ってゐたのだが」（万葉集）

鷲の巣の樟《くす》の枯枝《かれえ》に日は入りぬ「日が入った」（野沢凡兆）

秋来《き》ぬと目にはさやかに見えねども風の音にぞおどろかれぬる
「あらためて気づかされたことだ」（古今集）

剣太刀《つるぎたち》名の惜《を》しけくも吾《われ》はなし君に会はずて年の経ぬれば
「年数もたったから」（万葉集）

常人《つねひと》の恋ふといふよりは余りにて我は死ぬべくなりにたらずや

「死んでしまふほどになつたではないか」（万葉集）

足駄はく僧も見えたり花の雨　「僧の姿も見えた」（坪井杜国《とこく》）

皆人も寝たる夜中ばかりに縁に出でゐて
「皆が寝てしまつた夜中に」（更級日記）

雪こそは春日《はるひ》消《け》ゆらめ心さへ消え失せたれや言も通はぬ
「消え失せたからか」（万葉集）

土堤《どて》を外《そ》れ枯野《かれの》の犬となりゆけり「枯野の犬となつて行つた」（山口誓子）

四十《よそぢ》あまりの春秋を送れるあひだに世の不思議を見ること
「送つてきたあひだに」（方丈記）

あだなりと名にこそ立てれ桜花年にまれなる人も待ちけり
「評判が立つてしまつた」（古今集）

すこし並べただけでこんな具合です。これが現代語ではまづはみな「た」となる。和歌・俳句をつくる人が、もし表現の多彩さをよしとし、微妙な意味のちがひにも敏感であるならば、現代語で行かうなどと考へる人はまづあり得ないでせう。

第二章

旧かなはわかりやすい

●―新かなの「難解さ」

俳句というのは、たった十七字の中に人事・景物はじめ天地万象を納め取ろうというわけですから、ものによってはわかりにくくなります。要するにむづかしくなる。短歌の場合でも同様で、三十一字とだいぶ余裕はあるけれども、今度はその中にあらゆる事柄・感情を詰めこもうとしますから、ものによっては非常にわかりにくくなります。

夕立《ゆふだち》や田をみめぐりの神ならば　（榎本其角《えのもときかく》）

月やあらぬ春や昔の春ならぬわが身ひとつはもとの身にして　（古今集）

名高いものですが、さていきなり解釈せよと言はれても、ふつうなかなかできるものではありません。つまり難解です。

其角のものは、隅田川の舟遊びの折、雨乞ひの句を頼まれてこれを詠んだところたちまち雨が降つてきた、といふ伝説的な逸話で有名な句ですが、さうした事情をはなれて見ればほとんど解釈を絶する難解句です。もちろん、俳句にしても短歌にしても、前後の事情とはまつたく独立にかならず理解できるものでなければならない、なんてことはありません。詞書《ことばがき》があつたり前書があつたりするのはそのためでもあり、詞書によつて初めて理解できる名作だつてたくさんあります。

ただわれわれ読者の立場からすれば、その一句、一首だけでわかるやうなものであればありがたいのは当然です。

同じ其角の句でも、

越後屋に衣《きぬ》さく音や更衣《ころもがへ》

などは、周辺の事情はなにもわからなくても、このおもしろさは十分味はふことができます。

「夕立や」の句ですが、これは向島《むかうじま》の三囲《みめぐり》神社のこと、その神社は稲荷社であること、稲荷は雨を降らせる神であること、この神社はその神が「見めぐる」といふ名を持つてゐること、などのことが頭にないとよくわからない句です。しかもこれは、

ゆふだちや　たをみめぐりの　かみならば

と、「ゆたか」の折句《をりく》となつてゐることにも気づかないといけません。伝説としてはまことに面白くて私などは大好きですが、ふつうの俳句鑑賞者に親切なものとはお世辞にも言へません。

「月やあらぬ」の在原業平《ありはらのなりひら》の歌などは、千年間、歌人・学者が束《たば》になつてかかつても解釈が定まらないといふとんでもないしろものです。それであるのに、なにやらきはめて優艶にあはれ深いおもむきをたたへた名作だ、といふ感じはするものですから、私たちはかへつて大いに戸惑ふことになるわけです。

ここでは私の好みで、金子元臣《かねこもとおみ》の『古今和歌集評釈』と本居宣長《もとをりのりなが》『古今集遠鏡《とほかがみ》』の解釈を参考までにかかげておきます。

〔金子元臣〕

今この月はもとの月で無いか、やはりもとの通りの月である。今のこの春はもとの春で無いか、やはりもとの通りの春である。すべて何もかも去年と変つた事は無いのに、只我が身一つばかりはもとの身であつて、しかも身の上が去年とは変りはてた事よ。

〔本居宣長〕

今夜コヽへ来テ居テ見レバ　月ガモトノ去年ノ月デハナイカサア　月ハヤッハリ去年ノトホリノ月ヂヤ　春ノケシキガモトノ去年ノ春ノケシキデハナイカサア　春ノケシキモ梅ノ花サイタヤウスナドモ　ヤッハリモトノ去年ノトホリデ　ソウタイナンニモ去年トチガウタ事ハナイニ　タヾオレガ身一ツバッカリハ　去年ノマヽノ身デアリナガラ　去年逢タ人ニアハレイデ　其時トハ大キニチガウタ事ワイノ　サテモ　去年ノ春ガ恋シイ

いや、たいへんなものです。

私が言ひたいのは、短詩和歌・俳句は難解になりがちだから、「現代仮名遣い」を無理に使ふことでより以上にむづかしくすることはやめよう、といふことです。

◉―意味不明の新かな短歌

新かなではむづかしくなる。

これはちよつと見ると反語か皮肉のやうですがけつしてさうではなく、ほんたうに、文字どほりわかりにくくなるのです。

こんな歌を見てください。


眠りいるみ魂戦争を憎みいむ桜花濡れて散る千鳥ヶ淵に

みなさん、わかりますか。

いやもちろんわかるでせう。これこれかういふ意味だと解説することもできませう。ただ、それはあくまで「ひとつの解」にすぎません。意味はあなたの考へたとほりではないかもしれない。といふのは、この歌は新かなで書かれてゐるために意味が定まらないのです。

さまざまな理解を許す幅・深みのある歌だといふのではありませんよ。要するに意味不明なのです。

「眠りいる」とあります。

これはおそらく現代のゆるんだ流行の語法で、「眠つてゐる」といふつもりなのだらうと思ひます。この種の補助動詞を使つた作歌法、作句法は、この短詩型文藝が運命として持つてゐる三十一文字、また十七文字といふ制約の厳しさをよく自覚してゐないところからきたもので、ひとくちに言つて「へた」な作品です。しかしそのことについてはまた後で言ふことにして、いまは「眠りいる」が意味不明であるといふ件です。

いま私が想像したやうに、もし「眠つてゐる」の意味ならば、旧かなでは「眠りゐる」となります。かうなつてゐればまづは意義明瞭です。ところが

「いる」とあるために、この句は「眠り入る」と読む余地が生じます。

たしかにこの作品の場合は、千鳥ヶ淵であり戦争であり魂ですから「眠り入る」の解はできません。しかし、語句が曖昧なことはたしかですから、人をすこしの間でも迷はせます。その迷ひは理解力の不足から来るのではなく、表記によるものですから、けつして「詩」の問題ではありません。

「憎みいむ」の方もおそらくは補助動詞が使はれたもので、「憎んでゐるだらう」の意味と想像されます。しかしそれとは決定できず、「憎む」とよく似た意味の「忌《い》む」かもしれない。

万葉集の長歌の一節に、

飛ぶ鳥の　飛鳥壮士《あすかをとこ》が　ながめいみ　縫ひし黒沓《くろくつ》（巻十六）

といふところがある。巻七には、

木綿《ゆふ》かけて祭る三諸《みもろ》の神《かむ》さびていむにはあらず人目多みこそ

とある。「いみ」は「忌む」の連用形です。この語の場合は旧かなで「いむ」といふ語です。

せつかく日本語では「いむ」「ゐむ」と書き分けてわかりやすくなる表記があるのに、千鳥ヶ淵の歌の場合それがわざわざ曖昧にされてゐるわけです。

またさきほど「眠りいる」は戦死者の話だから「眠り入る」には一応ならないと言ひましたが、たとへばつぎの歌。

森田たまの随筆読みいるたらちねの影恋しかる冬の日溜まり

これなどはどうにもならないのではありませんか。

「読んでゐる」ならば「読みゐる」だし、「読み入る」ならば「読みいる」だし、かなづかひがちがふわけですが、この作品ではどちらも意味的に一応成り立ちます。すなはち、わけがわからない。

かういふものは「むづかしい」といふのとは意味がちがひますが、わからないといふ点では同じです。業平ではありませんが、千年かけてもわかることはありません。

もつとも、歌意はこれは「読み入る」でせう。といふのは、「読みゐる」だと、いま現実に目の前で母が本を読んでゐるのを見てゐるといふ時点設定の作といふことになるでせうが、それにしてはその母の「影が恋し」といふのがややそぐはないからです。この表現ではやはり母の姿はその場にはないと見るべきでせう。ただ、絶対だめといふのではありません。読書する母が、記憶の投影として眼前にまざまざとあつて、その影を見つつふと立ち返つて、昔の母を恋しく思ふ、といつたものとも想像することはできようからです。

しかしさうではないでせう。それならさうと別の表現があるはずです。それに、もし私のさうした想像どほりだとすれば、いまの人が「読みゐる」つまり読んでゐる、といつた語法をとるとは思へません。かならず「読みいし」とやつたでせうから。

結局これは「読み入る」なのですが、かなづかひをひとつ旧かなで整へさへすれば、なにもあれこれ考へる必要はなく、ぢかに歌の世界に入ることができるのです。

●――かなづかひ論争

ところでこの「入る・ゐる」ほかかなづかひの問題で、『正論』といふ雑誌で読者の投書合戦が行はれたことがあります。私もノコノコと参戦しましたし、わかりやすい論戦でしたからここでやや詳しく紹介しませう。いはば突発的な臨時の論戦でしたが、かなづかひの問題点は結構いろいろ出てゐました。

この論争は、雑誌『正論』に執筆する論壇人の中に、数人は旧かなの人がゐて、それをふしぎに思つた読者のだれかが話題として投書をしたといふあたりからはじまつたものと思ひます。

きはめて興味深かつたのは、議論のやりとりが、私もよく知つてゐる四五十《しごじふ》年ほど以前の大論争とまづまつたく同じ構造を見せてゐたといふことです。つまり、戦後の国語政策・国語改革を支持する人たちつまりは新かな派の人たちが、伝統派といふか保守派といふか、旧かなを支持する人たちに対して言ふことは非常に攻撃的で、相手を保守頑迷のわからずや、時代の進運に盲目な旧套墨守の守旧派だとののしる点で一致してゐました。かなづかひを論ずるといふよりはむしろ人格攻撃の色彩が強かつた。独善主義、自己満足、優越意識、などといふ言葉もずいぶん聞かれました。法律を守らないとはけしからん、と叱りつけるやうな調子の、もと警察官の投書などもありました。

もちろん新かなは法律なんかではありませんよ。私たち民間人に新かなや常用漢字ほかを守る義務などはありません。もし法律なら私もみなさんもみな罰金懲役ものです。さういふ基礎的な事実も知らないで論じてゐる人が多かったやうに思ひます。

一方旧かな派の人たちは新かな派に対して、相手の無知をたしなめるといった調子で一貫してゐました。五十年前と同じです。

さて新かな派の人の投書で、いかにも旧かな派を頭からおさへつけて得意になつてゐる調子のものをひとつ紹介します。六十六歳の男の人です。若い人の旧かな論が多いことを言つたあとつぎのやうに言ひます。

正直に言って、何の因果ゆえに、斯くも俄《にはか》に若人の間に旧かな表記が席巻するに及んでいるのか何としても解せない。愚生の童の頃は専ら読み書きに於いては当然の成り行きで旧かなであった。然し、今じゃ、その全ては忘却の羽を付けて果てなく遠い山の彼方に消えてしまった。

だからと言って、今日まで言語活動上些《いささ》かの齟齬《そご》も不便もなく全《まつた》うな生活を重ねて来た。

従って、今更、旧かなに復古せよと促されたところで有り難迷惑という思いである。

そこで、愚生は、(略)「せいろん俳壇」から一句を僭越ながらお借りして、旧かな讃美派各位からの御教導を賜《たまは》りたい。即ち、

「温め酒
　一途な想ひ
　　かくしけり」

この句に於ける「想ひ」を現代仮名遣の「想い」と表記して詠じた場合、この句は著しくその芸術性を殺ぐことに相成るのであろうか。

もう一例、短歌作品を提示させて頂く。

「夢ばかり
　追ひかけてゐる
　　私なの　いつかは虹色
　　　生きるはげみの」

この歌の「追ひ」を「追い」、「ゐ」を「い」にすると、この作品の歌風に如何なる変化を来すや否や、何卒、御賢明なる若人各位の御教導を鶴首してお待ち申し上げる。

かういふものでした。きりきり返答せい、答へられまい、といった調子ですね。

いくつかの誤解があるやうですが、まづ和歌・俳句の引用のしかたがあまりふつうではありません。このやうな一段下げ改行で表記された印刷物はないだらうと思ひます。まあそれはともかく、やはり気になるので、そこで私も顔を出したといふわけです。私はこんなことを言ひました。

梅木さんの威勢のよい投書拝見しました。「旧仮名派よ、参つたか」といふ調子が稚気に溢れてゐてまことに結構です。

ところで梅木さんは、和歌俳句での旧かな新かなの違ひは、藝術性とか歌風とかの問題だと思つてをられるやうですが、実はさうではありません。問題は、意味が通るか意味不明であるか、といふ点がいちばん大きい。新聞歌壇でかういふ歌を見ました。

沢水の音さわやかに注ぎいる青わさび田に春の雪ふる

ここに「注ぎいる」といふ句があります。これは近頃の悪しき流行語法で、作者のつもりでは「注いで居る」といふ意味かと想像されます。しかし「注ぎ入る」の意味かもしれません。これが歴史的仮名遣だと、「入る」なら「注ぎいる」、「居る」なら「注ぎゐる」と書き分けられることになり意味明瞭となります。

この新聞は歌壇で新仮名に統一してゐるのでわからないのです。


森田たまの随筆読みいるたらちねの影恋しかる冬の日溜まり

これも同様です。

如何にイマス父母、などは歴史的仮名遣で「います」と書きますが、もしこれが新かなだとすれば「ゐます」か「います」かの区別がつきません。意味は全く違ふのですが弁別不能です。歴史的仮名遣で「います」とやることで初めて、父母はどうお過しだらうか、と意味が確定するのです。

生まれ出ず、革命ちょうショパンの曲、よい酒によい、いわおとなりて――

わかりませんね。

歴史的仮名遣なら、こんな短い文句でもすぐわかります。いはゆる旧仮名のよさは、わかりやすいといふことなのです。

また梅木さんは、旧仮名を忘れても言語活動上不便がなかつたから新かなでいいのだ、とのお考へのやうですが、それは、不便が生じない種類の言語活動だつたからです。

ちよつと皮肉が過ぎましたか。

たしかに皮肉が過ぎたかもしれませんが、しかし事実として、かなづかひなんか無関係な言語生活はありますよ。文字など読み書きしないでも教養人といへる人はいくらでもあります。

投書の梅木さんも、かなづかひなんか無関係な言語生活を営んでゐるわけで、それはそれで結構ですが、ただ、旧かな派を攻撃してくるものですからこちらも防衛出動をするといふことになるのです。

●――新かなではやっぱり意味不明

ところで、「注ぎいる」の件はわかってもらへますね。

ちよつと例を挙げた「生まれ出ず」の句は、これも新聞歌壇で見たものですが前後関係からして「うまれいづ」の意味でした。生まれ出るといふことです。

現代語「でる」は、文語では「いづ」です。

いでズ　いでタリ　いづ　いづるトキ　いづれドモ　いでよ

といつた活用変化を見せる動詞で、かういふ形式の動詞は語尾を拾ひ上げると、

で　で　づ　づる　づれ　でよ

となるので下二段活用の動詞といひます。

だ　ぢ　づ　で　ど

の下の方、「づ」と「で」のふたつにわたることから付けられた名称です。

ですから「出る」の意味の文語は「いづ（出づ）」となります。ところがこ

れを新かなで書くとすると、「出ず」となつてしまひます。

もちろんこれは後でも言ふやうに、文語に新かなは適用外ですからかうは「書かない」のですよ。それでも強引に新かなにすれば「出ず」となつてしまふわけです。

ところが、ふつうの人は「出ず」とあれば「でず」と読むのではありませんか。要するにどつちかわからない。つまり意味不明である、といふ意味で例として挙げてみたわけです。投書では特に説明はしませんでしたが、さういふ意味です。

如何にいます父母、革命ちょうショパンの曲、よい酒によい、いわおとなりて——、これらも同様に意味不明の語句です。

●「如何にイマス父母」

「注ぎいる」の件、「如何にいます父母」の件については私の投書の中で言つたとほりです。

ところが、私は実に驚いたのですが、私のその投書に対する猛烈な非難がそのあと雑誌に掲載されてゐました。参考までに紹介します。私より年長の男の人でした。

旧カナ派の人達は、旧カナが正しく新カナは間違いだということを、いろいろ例を持ち出して証明しようと躍起になっていますが、カナはあくまで仮名であって真名《まな》ではないのだということを忘れているのではありませんか。

五月号の萩野さんの投書はまさにそれで、新カナでは意味が通じないというのにはあきれました。例にあげた歌「注ぎいる」も入るか居るかと大仰に解説していますが、作者はそんなことにこだわっているとはとても思えません。

こだわっているとしたなら、入る、居ると漢字で記す筈です。読んだ人がご自由にご想像下さいというのが作者のお考えでしょう。「如何にいます父母」にいたっては、父母はどうお過ごしだろうか以外にどう解釈しようというのですか。

かういふものでした。先に言つたやうに新かな派の人の発言はどうも感情的で人身攻撃の傾向があるのは、この文章でもよくわかるかと思ひます。

それにしても「あきれた」と言はれてはやはり一言せざるをえず、しつこいやうですが私はまた投書して、ふたつきばかりあとに掲載されました。

菊地さんによれば、私は真名と仮名との区別も知らずに旧かなが正しく新かなはまちがひだと「証明しようと躍起になって」ゐるとのことですが、なかなか文章といふものは通じないものですね。私の投書は、新かなとちがつて歴史的かなづかひはこのやうにわかりやすいものですよ、といふことを言つたものでした。

ところで私の挙げた歌、

沢水に音さわやかに注ぎいる青わさび田に春の雪ふる

の件、「注ぎ入る」か「注ぎ居る」かの別などは作者の関知するところでない、といふ意味のことを述べてをられますが、和歌とはさういふものではありませんよ。もう少しまじめなものです。少しは和歌に触れることをお勧めします。

新かなの「如何にいます父母」について菊地さんは、父母はどうお過しだらうか以外の解釈はあり得ないと随分お元気な発言ですが、実はちゃんとあるのです。

「如何にゐます父母」ならば、これは「父母はどのやうに過してゐますか」といふ意味になるのです。まさかこれがどうちがふのかの解説は要らないでせうね。

もちろん「どのやうに過してゐますか」の意味になる「如何にゐます父母」は、表現として、まして詩として上手ではありません。上手ではないけれども成り立つのです。

菊地さん、「生まれ出ず」「いわおとなりて」の解釈はどうなりますか。

まあ、こんなふうに答へたわけです。

それにしても、「入る」か「居る」かなど作者はどうでもいいのだといふのはさすがに菊地さんも、あとで恥づかしくなつたのではないでせうか。反論はありませんでした。もつとも、ボツになつたのかもしれませんが。

「如何にゐます父母」については右のやうに言つたのですが、もうすこし丁寧に言つた方がよかつたかもしれません。

「如何にゐます父母」はほんたうにへたな表現ですが、

どう過してゐますか。父さん母さん。

といふくらゐの意味になります。ちよつと注意してください。「どうお過しですか」の意味ではありませんよ。「どう過してゐますか」です。

つまり父母の動作状態を表す動詞に敬語がないのです。

この本、読みますか。

この本、お読みになりますか。

のふたつははつきりちがひますね。この「読みますか」にあたるのが「過してゐますか」です。敬語抜きの、直接の質問形式です。

さて「如何にいます父母」ですが、この「います」は「おいでになる」「いらつしやる」「おはす」の意味の敬語の動詞ですから、意味は、どうお過しだらうか、父上、母上は。

といふことになります。

まつたくちがひますね。しかも「如何にいます」は疑問文ではありますが、直接の質問形式の文型ではありません。どうしていらつしやるだらうか、と自分で思つてゐることを表現したものです。

如何にいます父母
恙《つつが》なしや友がき
雨に風につけても

思ひいづる故郷《ふるさと》

といふ唱歌の歌詞を口ずさんであぢはってみませう。

芭蕉に、

こもをきてたれ人ゐます花のはる

といふ句がありますが、この「ゐます」は芭蕉の不注意です。都で乞食を見て、これも優れた隠者の世をのがれた姿かもしれぬ、とあへて敬語で表現したものです。本来は「います」。

もつとも当時はあまりかなづかひの意識は強くありませんし、それよりなにより、俳聖芭蕉のやることなら私たちはだまつて見てゐるのが無事でせう。ただ、われわれはやつてはいけません。

なほ、この『故郷』の歌が印刷されてゐる『日本唱歌集』（岩波文庫）は、「兎追いしかの山」と書き出し、二番の「思ひいづる故郷」を「思いいずる故郷」と印刷してゐます。

ここには原作改竄《かいざん》の問題があつて、非常に困つたことになつてゐますが、それについてはまたあとですこし言ひませう。

●──「てふてふ」は「藝術的」か

ここでついでですから、梅木さんの投書にあつた「藝術性」「歌風」の問題にすこし触れておきます。

実は、この梅木さんの投書に対しては、私が出したもののほかにもうひとり、田島さんといふ六十七歳のかたも文章を寄せてゐました。梅木さんは、

この句に於ける「想ひ」を現代仮名遣いの「想い」と表記して詠じた場合、この句は著しくその芸術性を殺ぐことに相成るのであろうか。

と書いてをりました。これはもちろん、藝術性なんか関係ないのだ、それもわからんのかと叱りつけてゐるのであつて、けつして「質問」ではないのですが、

田島さんはこれをわざとまともな「質問」と取つて、それに答へる形で述べてゐます。この人は旧かな派の人です。

（小説とは違ひ）詩歌では、その色合ひ、ひびき、語感といふことまで含めて、より多角的、多面的に考へることになります。「想ひ」「想い」についても意味の違ひではなく、語感の差です。「想ひ」には、下音独特の柔らかさが感じとれます。更にある種の軽やかさ、明るさも感じますが、「想い」「追い」にはそれがありません。新かなを採用した際、語中語尾の柔らかなハ行音の文字を追放して、重い感じのアワ行の文字に換へてしまひましたが、この二語もその例です。

田島さんはこのやうに特にハ行音をとりあげてその軽快さをたたへ、池田弥三郎氏の「恋い慕う」よりは「恋ひ慕ふ」がいいとした発言や、福田恆存《ふくだつねあり》氏の「言わない」などと書かれると口をむりやり開けられるやうな不快を感ずるとした発言などを取り上げたあと、つぎのやうに続けてゐます。

最近私はある若い女性から「歴史的かなづかひは美しいですね。どうしたら私もそれをおぼえられますか」ときかれたことがあります。歴史的かなづかひを美しいと感ずる人は若い人の中に随分増えてゐるやうです。もう一つ極めつけの例、安西《あんざい》冬衛《ふゆゑ》といふモダニズムの現代詩人がゐましたが、彼の代表作につぎのやうな詩があります。

てふてふが一匹韃靼《だつたん》海峡を渡つて行つた。

この詩を傑作にしてゐる要素は何だと思はれますか。言ふまでもなく「てふてふ」といふ表現です。これが若し「ちょうちょう」だつたらもはやこの作品は傑作の名に値しないでせうし、詩であることさへ否定されかねません。

「てふてふ」であつてこそ、白い蝶がやうやく春の訪れを告げる北国の碧の海峡を、小さく可憐に舞つていく、夢のやうなイメージが拡がつてくるのです。

戦後の国語改革はこのやうな繊細で微妙な表現を画一化によつて排し、簡便性、便宜性のみを求めて、洗練された歴史的法則性さへも無視してきました。梅木さんには感謝します。かういふ問題を藝術面から採り上げていただいたことは大変有難いことです。従来の議論に最も欠けてゐた部分でした。お尋ねに答へられてゐるかどうか解りませんが、後はどうか御賢察の程お願ひします。

これはまことにまじめな文章で、しかも旧かな派の議論ですから、本書の立場からはあまり批判したくないところなのですが、実は大きな思ひちがひをしてゐます。かなづかひの問題はこんなところにあるのではありません。そこで私は、さきほど挙げた梅木さんへの反論のあとに、つぎのやうに付け加へました。

ところで、六月号には田島さんの歴史的仮名遣擁護論の投書がありました。まじめな議論とは思ひますが、旧仮名新仮名の差は実は藝術性の有無の問題ではないのです。あくまで合理性、歴史性、つまりはわかりやすさの問題です。

田島さんは「想ひ」「想い」の例を挙げて、「柔らかなハ行音の文字」とか「ある種の軽やかさ」とか言はれるので大いに気になりました。日本語の文字表記としての合理性があるならば、硬くても重くてもしかたがないのです。

なるほど私も「恋い慕う」よりは「恋ひ慕ふ」がいいとは思ひますが、それは別に柔らかく軽いからではなくて、これが本来のものだからにすぎません。

私がかういふことを言ふのは、田島さんが「てふてふ」を挙げてをられるのが心配だからです。

てふてふ、なるほど結構ですが、これはごぞんじのやうに、もともと国語・日本語ではありません。昔の人が、シナ語「蝶」の音を仮名で転写したものです。「てふてふ」とすれば原音に近いのではないかと昔の人が思つたといふだけのことです。これを字音仮名遣《じおんかなづかひ》といひます。

田島さんは「ちょうちょう」だと文学性藝術性が失はれるとされますが、もし漢字音が「ちょうちょう」ならなんの問題もありません。実際、寵や塚、重などの字は「ちょう」です。そして潮や鳥なら「てう」であり、庁や長は「ちゃう」であり、それと同様に蝶や諜、喋などは「てふ」であるといふわけです。

てふてふといふ字形が「可憐」だとか「夢のやうなイメージ」だとされますがそれは仮名遣とは関係なく、絵画、デザインの領域の問題です。

少しお考へください。もしテの音を表す仮名が「×」でありフの音を表す仮名が「＝」だとしたら「てふてふ」は「×＝×＝」と書くしか方法がないのです。これでも「小さく可憐に舞」ふ「夢のやうなイメージ」ですか。

てふてふの形になつてゐるのは、まつたくの偶然にすぎません。もつとも新仮名派はこれを例へば「‖＾・‖＾・」と変へてしまはうとするのでせうが。

ところで、仮名遣のことを語るとき、「てふてふ」を挙げるのはもういい加減にやめようではありませんか。これは漢字音の転写であつて日本語ではありません。私などは分類すれば旧仮名派となりませうが、私たちが気にしてゐるのは、あくまで「国語の」仮名遣なのです。

私はこんなふうに言ひました。

それは私だつて、「てふてふ」の表記にある柔らかさは感じます。しかしこの表記のよさは柔らかさにあるのではなく、ただ正当だからにすぎません。諜報だの間諜だのといふ言葉が、「てふほう」「かんてふ」だからといつて、柔らかく可憐でいいな、などとはだれも思はないはずです。

田島さんは安西冬衛の「てふてふ」が「ちょうちょう」だつたら詩としても

疑問だと述べてゐますが、それはもちろん「ちょうちょう」ではだめです。しかしそれは「ちょうちょう」といふ表記が硬いとか、するどいとか平面的だとかいふ理由ではなくて、ただかなづかひがだめだからです。

●──「シクラメンのかほり」

字面はたとひ硬くてごつごつした感じであつても、正当ならばしかたがないのです。たとへば私などは、

あぢさゐ（紫陽花）
わらぢ（草鞋）
くわゐ（慈姑）
いわし（鰯）
わざをぎ（俳優）
みさを（操）

等々のかなづかひでは文字面がなんだかすこし硬い感じを受けます。「あじさ

ひ」とか「くはひ」「みさほ」などの方が字面は柔らかな感じを受けますが、しかしあぢさゐ、くわゐがかなづかひである以上はどうにもなりません。そのほか、みなさんはどう感ずるかわかりませんが、私はたとへばつぎのやうなものは硬い感じがします。

なめくぢ（蛞蝓）
くぢら（鯨）
あぢみ（味見）
ちぢみ（縮）
けぢめ（区別）
ふぢ（藤）
もみぢ（紅葉）
あわてる（慌てる）
こわいろ（声色）
ことわり（理）

たわやめ　たおやめ（手弱女）
さわぐ（騒ぐ）
すわる（坐る）
あゐぞめ（藍染）
くれなゐ（紅）
いしずゑ（礎）
ゑがく（描く）
しをれる（萎れる）

なにかゴツゴツとつまづくやうな感じさへ受ける。手弱女なんてやさしげなものならば、「たはやめ」が柔らかくていいぢやないかなんて思はないでもありません。

しかし、言ふまでもなくかなづかひがかうなつてゐる以上はどうにもなりません。「たわやめ」と書くしかありません。

みなさんはどう思ふか知らないが、と言ひましたが、たいていの人はそんな感じを持つはずです。

昭和五十年、布施明が歌つて大ヒットした歌謡曲に「シクラメンのかほり」といふのがありましたね。この「かほり」は旧かな風ですが正しい旧かなではありません。正しくは「かをり」です。ところが作詞の小椋佳さんはそんなことは知りながらわざわざ「かほり」とやりました。

理由ははつきりしてゐます。「かをり」よりは「かほり」の方が柔らかくやさしく、ほのかににほふやうな感じを与へることがわかつてゐたからです。シクラメンが誕生日や正月の贈り物として広く喜ばれるやうになつたのはこの歌以後ではないでせうか。

またいつの年だつたか忘れましたが宮中の新年歌会始《うたくわいはじめ》の寄人《よりうど》として招かれた人、たしか梅原猛さんだつたと思ひますが、歌の中に、ものの道理といふやうな意味で「ことはり」といふ言葉を使ひました。もちろん正しくは「ことわり」です。

これは作者がなにかを狙つたといふのではなく単なる不注意でしたが、それでも、宮中のめでたい席で歌ひ上げられる歌ならなるべくは硬い感じの言葉は使ふまいとする意識が働いたためのまちがひです。

「ことわり」だとワの部分で唇を緊張させなくてはなりません。「ことはり」なら軽くふはりと発音できます。ハ行音には田島さんも言ひますが、たしかにさういふ性質があるのです。

藤なんていふやさしい花ならば、「ふぢ」よりは「ふじ」の方が軽く言へます。「ふぢ」ではヂの部分で唇をイッとばかりに横にひっぱり、舌先にまで力を入れて発音することになります。つまりは硬くなる。

しかし正しいなら「ふぢ」とやらなくてはなりません。

山もとに米踏ム音やふぢの花　（与謝蕪村）

といふわけです。もつとも蕪村は「藤」と漢字を使つてゐますが。

蕪村といへばやはりこの人の句に、

足よはのわたりて濁るはるの水

といふ句がありますが、「足弱」つまり若い女性がおづおづと小川を渡る風情《ふぜい》を詠んだものですから、正しいかなづかひの「あしよわ」ではすこし硬いやうな感じを持つたのでせう。「あしよは」と記してゐます。これならすこしやさしげになるわけです。もちろんわれわれはこんなことは許されませんよ。蕪村のやることならばしかたがないでせう。

藤尾なんて名前は「ふぢを」ですからちよつときつい感じですがそれもしかたありません。名前ならふつうは漢字で書くでせうが、松尾芭蕉ほか俳人はしばしば仮名を使ひますね。「はせを」なんて書いてゐる。あなたもどうですか。

「ソーイ」ってなに

また、投書では触れませんでしたが「想ひ」「想い」の件、田島さんは「意味の違ひではなく語感の差」だと言つてゐますが、語感の差ではありません。

合理性の差、わかりやすさの差です。もちろん、わかりやすさがちがへば語感も変つては来ますが、それはわかりやすさのちがひから来る結果であつて、「差」の本体がそれにあるといふのではありません。

「想ひ」とあればこれはかならず「オモイ」と読まれますが「想い」はかならずしもさうならない。「ソーイ」と読んで、さてソーイとはなんだらうと迷つても不思議ではありません。むしろその方が「合理的」ですらある。「い」の部分が常用漢字にないむづかしい文字だつたりすると平気で仮名に書き換へるといふことはよく行はれてゐるからです。

「だ捕」だの「誘かい」だの「操だ」だのといふ表記にはよくお目にかかりますね。だから「弔い」とあればトムライかチョーイかはわかりません。「弔ひ」ならばかならずトムライと理解できるわけです。ただこの場合「慰」の字が常用漢字にあるからなんとかなつてゐるだけの話です。

じつさいたとへば「長く」だの「軟こう」だのはわからないでせう。これは「長」「軟膏」かもしれないのですよ。

俵万智さんの歌

それから、かなづかひによる歌風・作風の問題ですが、これは文藝上の大問題といっていいかもしれません。

新かなで作歌する人におなじみの俵万智さんがあります。

「この味がいいね」と君が言ったから七月六日はサラダ記念日

真青なる太陽昇れ秋という季節に君を失う予感

今日風呂が休みだったというようなことを話していたい毎日

これは衝撃でしたね。新鮮な衝撃でした。昭和六十二年の『サラダ記念日』は読書界の話題をさらつた歌集としてはほとんど百年ぶりの快挙といふべきものでした。

好きな人も評価しない人もあるでせうが、印象に残らなかつたといふ人はまづないのではないか。私の場合は、いろいろ問題だなあと思ひながらも、けつして面白くないものではない、といふ感じかたをしました。つまり、個性的であり実に印象的なものではあるけれども、はじめから行き詰まりを感じさせるものだつたからです。完結してしまつてゐて発展を予感させるものは乏しい、といふのが私の感想でした。

さういふことをすこしまとめて話したり書いたりしたところ、思ひがけないところから私は批判されたりしましたが、とにかくそんな感じでした。

この本は評論ではありませんからそれ以上は言ひませんが、ただ私の受けた批判は、「行き詰まり」とはけしからん、といふものと、あれが面白いとは解せぬ、といふものと、つまり両方からの批判だつたことだけを言つておきます。

さてそれはともかく、俵万智さんの歌は新かなで表現されてゐます。「この味がいいねと君が言ったから」といふ思ひ切つた現代口語の歌ですから、新かなを使ふのは戦後の国語政策にも合致してゐます。合致してゐるぶんだけ伝統には外れてゐるわけです。

ところが一方で、いろいろな破調・破格の試みの歴史もあるのに、この人は五七五七七の「正調」はまつたく崩してゐないといふ、一種の「伝統派」でもあつて、これがまた読む人の気持を不安定にした、といふ要素もあつたやうに思ひます。

新かなってなに

ここで最も基本的なことがらを確認しておきませう。いはゆる新かなは昭和二十一年に「現代かなづかい」といふ名称で内閣告示として出されたものですが、

「現代語を仮名で表記する場合の準則」

「現代文のうち口語体のものに適用」

と位置づけられてゐます。ただし先にも触れたやうに法律でも法令でもなく、われわれをしばる「規則」でもありません。従ふ従はないはまつたく私たちの自由にまかされてゐます。

「現代かなづかい」は右のやうに、文語にはまつたく適用されませんし、「出ず」ほかの例でも見たやうに事実上、文語に適用することは不可能です。これは思想や信念の問題とはまつたく関係のない単純な事実です。実際「ほのえにきろうあさがすみ」だの「こいすちょうわがなはまだき」だのとやってもこれはもう日本語ではありません。

和歌・俳句はきはめて伝統的な文藝形式ですから、旧かなを使ふのが一応常識的選択とは思はれますが、ただ和歌・俳句に文語を使へとするやうな「内閣告示」などはありませんから、俵さんのやうな口語短歌は出てきますし、その場合、旧かなを使ふべきだとは言へないことになります。自由なんですから。俵さんは新かなを選択したわけです。選択した以上は「現代口語文」とするしか方法はなく、「この味がいいね」といふ具合になりました。もつともほんたうはこの順序は逆で、口語短歌だから自然に新かなを選んだ、といふことなのでせう。

用語はなんといつても口語であつて、「味のよきかな」でもなければ「よき味なるかな」でもなく「この味がいいね」といふわけですから、かうした用語の選択からくる歌風の特徴といふものはどうしても出てきます。「今日風呂が休みだったというような」であつて「休みなりきといふごとき」ではありませんから、藝術性の深浅とは関係なく、「ふう」のちがひは当然出てきます。その意味で新かな旧かなによる歌風のちがひは当然のことでせう。

●――文語で新かなだとどうなる

ところが一方に、文語の新かな表記といふ、「現代かなづかい」の指導からも外れ、語法上も不可能なことを強引にやつてしまふ人たちがあるのです。すなはち「こいすちょう」の人たちです。

これはもう、はつきり言つて醜いといふしかありません。和歌・俳句といふ伝統文学に身をひそめながら、しかも文語・古語を使ひながら新かなをわざわざ選択するといふのは、なにか鬱屈した、暗い情熱があるのではないかといふ気がします。

文語・新かなの人たちは、現代の息吹とかナマの人間性とかいふことをさかんに言ひますが、私がすでにいろいろ言つたやうに、文語・新かなでは表現に正確さを欠き、意味不明となりやすいものです。不正確に表現すれば現代の息吹が伝はるといふものでもないでせう。

俵万智さんの場合でも、徹底した口語ではなく、ときに新かなで文語をまじへるものですから、しばしば意味不明に陥つてゐます。

いるはずのない君の香にふりむいておりぬふるさと夏の縁日

改札に君の姿が見えるまで時間の積木を組み立てていん

わかりませんね。いやいや、あわてて言つておきますがわかりますよ。かういふことを言はうとしたのだらうといふことはわかります。わかるけれどもそれは、ことばの形で明瞭となつてゐるのではない。この作者は新かなを使つてゐるから、またこの作者は「ている」の形の形式動詞を多用する傾向があるから、さらにこの作者は、完了の助動詞「ぬ」の使ひかたがすこし安易で、「た」と同じやうな意味で使ふ傾向があるから、といふやうなことをあれこれ勘案して、見当をつけることができる、といふ意味です。

これは古典和歌の難解なものが、語義そのものは明瞭なのに場面・心境が複雑でわかりにくいといふのとはまつたく次元がちがふ話です。

またこのやうな、現代語を基本としてときに古語を混ぜ、それを新かなで表記するといふ歌の場合、ある語が動詞の連用形なのか終止形なのかがわからない、といふ問題も出てきます。同じく俵さんの歌です。

「元気でね」マクドナルドの片隅に最後の手紙を書きあげており

この「おり」ですが、これは漢字を使へば「居り」となる語なのでせう。この語がもし現代口語だとすれば、「おり」は「おる（をる）」の連用形です。つまり、「書き上げてをつて、そして……」と後を省略し、いはば余韻を持たせるといつた表現法になります。ところがもし文語だとすれば「おり（をり）」

は終止形で、すつぱりと言ひ切つた表現です。

これは言ふまでもなく和歌鑑賞上重大な差別で、作る側の歌人なら真剣に考へ抜く部分ですが、このやうなところは新かなでやつたために軽く流されてゐるわけです。

俵さんのものをいくつか挙げましたが、俵批判のために取り上げたわけではなく、かなづかひは「単なる表記法」などとは言へないものだといふことの一端を示したつもりです。私自身は俵作品は大いに楽しんでゐます。

コラム

〔外来語の表記〕

テレビはいけない、テレヴィジョンと書けといきまいてゐる人がありましたが、べつに気にしなくて結構です。ラジオ、ラヂオも好きな方を使へばいい。ビルヂング、ウヰスキィ、ヴエールといふふうに書く人もあつて、なにやら旧かなふうですが、べつに旧かなといふわけではない。ヴイオリン、ヸオロンなども書きたい人は書けばいいといふだけです。びいどろやらきりしたんやら、ひらがなも結構です。

シエークスピアなども以前はセークスピーア、ゲーテをギョエテと書く人がありましたが、これがべつに歴史的かなづかひといふわけではありません。ややむかしの人に多いといふ意味では「旧」かもしれませんが。

かうしたカタカナ語の表記は、基本的に音写なのですから、自分が聞えたやうに書くしか手だてはないのです。プラットフォームはホームで結構、ハンドバッグはハンドバックで結構。それにだいいち、いろいろ工夫をこらして原音に近く書いてみたところで、カタカナを使ふ以上はどうせ原音とは似ても似つかぬものにすぎません。プリン・プディング、ビフテキ・ビーフステーキ、いづれも結構、どうぞご自由に。

国語審議会の出した「基準」ではキッスはキスと書けなんてありますが、そんなものにとらはれることはない。俳句の場合も「キッスする」ならキッス、「キスをする」ならキス、とこれだけの話です。

ただし、水のウォーターがワラと聞えたからといってワラと書いたり、ヒットパレードがヒッパレと聞えたからヒッパレと書くといったことは、これはいけません。なぜかといふと読む人がわからないからです。わからないのではこれは書いた意味がない。当然、一般の表記に従ふものです。

ところで最近、漢字で表記された朝鮮語が現地音に近くカタカナ表記される傾向がありますが、あれはわかりにくくて困りますね。たいへんな記憶の負担となる。ほとんどおぼえられません。

そのことに当時から気づいてゐたのでせう、北朝鮮では朝鮮労働党中央委員会の通達によって昭和五十二年八月下旬から、日本向けの通信、放送、新聞が一斉に日本語読みを採用しました。同年八月二十六日付『朝日新聞』に出てゐます。つまりチョソンを朝鮮《てうせん》、ピョンヤンを平壤《へいじやう》、キム・イルソンを金日成《きんにちせい》と変へたといふことでした。その後どうなつたのでせうか。

ところで、外国語などのカタカナ表記は、基本的に音写ですから、拗音・撥音の小文字（ャ・ュ・ョ・ッなど）はふつうに使ひます。感嘆詞（アッ・キャッなど）もおなじです。

第三章

和歌・俳句で新かなは無理

●──「ており」のこと

投書論争の件は一応さういふことですが、すこし論じ合ふとたちまちさまざまな論点が浮きあがつてくるものです。

「注ぎいる」「読みいる」などを手がかりにすこし話したわけですが、これは主に「入る」か「居る」かわからんぢやないかといふ問題でした。

俵さんの、

いるはずのない君の香にふりむいておりぬふるさと夏の縁日

にしても、これが新かなである以上「をりぬ（居）」か「をりぬ（折）」か「おりぬ（下）」か「おりぬ（降）」かがわからない、少なくとも重大な手がかりがない、といふ問題に触れたのでした。

「最後の手紙を書き上げており」にしても、これは「居り」か「下り」かわからない。そしてまた、これがもし「居り」だとしても、それが現代口語だとすれば連用中止法だし、文語ならば終止言ひ切りだし、といふわけでわけがわからない、といふ問題も指摘しました。

ここではちよつと視点を変へて、さきにすこし触れたやうにこの「ナニナニしてゐる」「ナニナニしてをる」といふ補助動詞・形式動詞の使用といふ点について気になる問題があるのですこし述べます。

三字節減二字節約

補助動詞といふのは、一名形式動詞ともいふやうに、もともとは本動詞としての実質的な意味内容があつたものが補助的に使はれてゐるあひだに形式化して、具体的な意味内容を失つたものをいひます。

たとへば「ゐる」ならば、

みさご居る渚《す》に居る舟の漕ぎ出《で》なばうら恋《こほ》しけむ後《のち》は会ひぬとも

（万葉集）

たてばたつゐればまたゐる吹く風と波とは思ふどちにやあるらん
（土佐日記）

などは本動詞として使はれてゐて、そこに存在する、あるいは腰をおろして坐るといふはつきりした意味内容を持つてゐる。だから「坐つてゐる」ならばただ「ゐる」でいいはずのところを「てゐる」をつけて表現した場合にここに形式動詞が現れてきます。

これはさきに見た、多様な助動詞の衰退といふ現象とからみ合つた傾向ですが、なにしろ実質的な意味はありません。

帰つてしまふ

壁に掛けてある

などもさうです。

古典ではほとんど見られませんが、現代の和歌・俳句にはこれがやたらに多いのです。極端に言へばほとんど一首一句ごとに見られる。さつき挙げた俵さんの「ふりむいておりぬ（てをつた）」もさうだし「改札に君の姿が見えるまで時間の積木を組み立てていん（てゐよう）」もさうです。これはおそろしく損な、もつたいない表現法とは思ひませんか。

現代俳句でもたとへば波多野爽波《はたのさうは》の、

暗幕にぶら下りゐるばつたかな

青あらし電流強く流れをり

などでも、この「ゐる」「をり」は形式動詞です。実質的な語義はほとんど消えて、ただ、ある継続状態を念押ししてゐるのにすぎません。「ぶら下りゐるばつたかな」と言はなくても、「ぶら下るばつたかな」だけで十分ぶら下つてゐるその継続状態が表現できます。「流れをり」も「流る」でいい。

私がもつたいないといふのは、さうすることで二字節約ができるのです。俳句十七字のうち二字です。これは俳句では巨大な分量であつて、けつしてないがしろにすべきものではありません。さつきの俵さんのもので言へば、「ふりむいておりぬ」は「ふりむきぬ」で三字節減、「組み立てていん」は「組み立つ」で三字節約です。なんと損なことか。

●「おりぬ」ってなに

このやうに部外者から言はれると、いやこれこそ詩的必然であるとか微細な心の顫《ふる》へであるとか言ひだす人が多いのですが、それはやめた方がいい。何度も標的にするやうですが（実際してゐますが）、俵さんの、

いるはずのない君の香にふりむいておりぬふるさと夏の縁日

これが「ふりむいておりぬ」といふ表現になつたのは、「私はついつい振り向いてしまつてゐたよ」といふところを表したかつたからです。たしかに現代口語ではこのやうな言ひ方をしますね。ところが「ておりぬ」は、この現代口

語を逐語《ちくご》訳して「ゐ」は「おり」、「た」は「ぬ」と置き換へただけのものとなつてゐます。

て　ゐ　た

て　お　り　ぬ

このやうに置き換へていはば「文語訳」してゐる。それならそれでいいぢやないかと言ひたいところですが、さうはいかない。

「をり」といふのはそもそもが、継続的な動作・状態を表す動詞です。そこに動作の完了を表す助動詞「ぬ」はそぐはない。

一点の雲もない夜空に輝きわたる月を表現して「輝きぬ」とは言へないでせう。「雲に隠《かく》りぬ」ならいいのですよ。あるいは雲から顔を「いだしぬ」ならばまあいい。壁に掛かつてゐた絵、壁に掛けてあつた絵のことを言はうとして、「壁に掛かりてゐぬる絵」「壁に掛けてありぬる絵」などとやつたら滑稽でせう。「てゐる」「てをる」「てある」の類は口語ではなにげなく過しても、文語直訳ではしばしばえらいことになるのです。

正岡子規に、

鶏頭の十四五本もありぬべし

といふ傑作がありますが、これで言ひ訳はできませんよ。意味合がちがふ。これは「ぬべし」があたかも独立の助動詞のやうに働いてゐて、自分の推量をたしかな現実だとして、ぐいと押し出す勢ひの語です。「うむ。おれの見るところ十四五本はある。たしかに十四五本はあらう」といった感じです。この「ぬ」は口語の「た」を文語直訳したやうなものではありません。俵さんの「ふりむいておりぬ」は意味上、「ふりむきつ」くらゐのところでせう。あるいは「ふりむきぬ」ならまあいいのです。

さきほどの俳句「暗幕にぶら下りゐるばつたかな」にしても、ナニナニしてゐるといふその時間的継続状態に注目した詩的必然である、といふのがその言ひ訳となるのですが、「ぶら下る」だけでそんなものは十分表現できる。表現できなければ、俳句などの超短詩型で「文学」とは言へますまい。

●芭蕉は言はない「てゐる」

近代現代の俳人ならば、芭蕉を心の師としない人は少ないでせうが、その『奥の細道』の五十六句ばかりの中に、「てゐる」「てあり」の類、つまりは具体的な意味を負はない語句などはたつたひとつもありません。短詩の厳しさを実感してゐるなら当然さうなるでせう。要するに無駄なんですから。

では芭蕉は「ナニナニしてゐる」といふ意味内容の句は作らなかつたかといへば、そんなバカなことはない。たくさんあります。

いちばん最初の句、

草の戸も住替《すみかは》る代《よ》ぞひなの家

これなどは「てゐる」にあふれた句です。

侘《わび》しい草庵《さうあん》の住人もすでに住み替つてゐて、いまは妻も子も持つてゐる人が住んでゐる。折から雛祭りで、華やかに雛など飾つてゐることだ――。

「てゐる」だらけです。しかしそんな語句はまつたくない。

第二句。

行春《ゆくはる》や鳥《とり》啼《なき》魚《うを》の目は泪《なみだ》

春は行かうとしてゐる。鳥は啼いてゐるし魚の目には涙がやどつてゐるかのやうだ――。

これも同様です。いやほとんどさうだと言つていい。しかし芭蕉はゆるんだ語は使はないのです。

春は行かんとしをり鳥啼きをりて魚の目にも涙のやどりてゐるかに思ふ

なんてやつて句になるものではありません。

●――あらもつたいなや

波多野爽波さんの句を、その弟子の若手俳人中岡毅雄《たけを》さんが百句選んで並べたものをある雑誌で見ました。せつかく旧かなできちんと書かれてゐるのに、「てゐる」「てをる」「てある」があまりに多くて、もつたいなくてしかたがない思ひをしました。

大空は微笑みてあり草矢放つ

赤と青闘つてゐる夕焼かな

箒木《ははきぎ》のつぶさに枝の岐《わか》れをり

蠅取紙蠅みな潰《つぶ》れゐたりけり

等々といふわけです。

「微笑む」でいい、「闘ふ」でいい。「岐る」でいいし「潰る」「潰れ」でいい。

この蠅取紙の句などは五字もむだが省けるのですから、おそらくは魚屋かなにかの店先の印象的な提示が完全に行はれたにちがひありません。

私は爽波の句は嫌ひぢやありません。ゆつたりした日常の陰の鋭敏な感受性はだれも否定できるものではありません。

夕焼の中に危ふく人の立つ

妻ときて颪の螢の迅《はや》きばかり

など、いい句ですね。それだけに私は形式動詞の冗長さが惜しいと言つてゐるのです。

結局私の言ひたいことは、この形式動詞などを濫用《らんよう》したら、和歌・俳句の「情報量」が一気に下落する、といふことです。

いや「情報量」とはこの際耳慣れぬ語かとは思ひますが、超短詩、俳句こそ情報の文学です。たつた十七字の中にいかに世界を取り込むかの勝負です。

芭蕉の、

古池や蛙飛こむ水の音　（波留濃日）

にしても情報は豊富です。はっきりした意味内容のある語が「古池」「蛙」「飛びこむ」「水」「音」と挙げることができる。

草の戸も住替る代ぞひなの家

の場合も「草の戸」「住替る」「代」「ひな」「家」とある。当然またそれらを統括する詩境といふものがある。

行春や鳥啼魚の目は泪

などもたいへんなものです。

象潟《きさかた》や雨に西施《せいし》がねぶの花

なんて、象潟、雨、西施、ねぶ、といふやうに、単語の意味上、たがひに即《つ》きすぎない語がそれぞれの世界にひろがっていって、結果として広大な世界が展開してゐます。単語ばかりいくら多くても、つつじ、花、赤い、色、美しさ、などとたがひに即きすぎてゐては貧困なのです。

古池、雛《ひな》の家、行春、象潟、かうした句は、「勝負」に出てしかも勝った句です。

いま若手で活躍してゐる藺草《ゐぐさ》慶子さんは私など好きな俳人のひとりで、

一山の寝落ちてしだれ桜かな

といった古典的作風のものには、しなふやうな力感があります。

枕辺に衣をたたむ露の山

惜春や父の書斎に長居して

など、深々とした奥行きが感じられます。

いい俳人です。ところが残念なことにいまの人らしく、補助動詞・形式動詞をさかんに使ふ。

失ひしもの燃えてをる狐火ぞ

雨の中鳥鳴いてゐる菫《すみれ》かな

葉桜に弓立てかけてありしかな

ぼうぼうと長けてゐたりし余り苗

どうですか。葉桜の句などは、たつた十七字がだらんと、実に長々しく感じられる。俳句だの和歌だのについて「情報量」などといふ際どいことを言ひだしたのも、わかつてもらへるのではないでせうか。

●「いし」の問題

武川忠一さんの短歌。

撓《たわ》みいしいまの心ぞ寒の月しめり帯びたる石に射《さ》す光《かげ》

波多野さん藺草さんの句は、それでも旧かなが使はれてゐますから、意味不明といふことはほとんどありません。ところが武川さんの場合は文語・新かなです。これはいけない。

何度でも言ひますが、それはいけません。また、「撓みい（撓んでゐる）」と形式動詞が使はれてゐる。しかもこの歌では助動詞「し」の使ひかたが明らかにまちがつてゐるといふたいへんな問題が生じてゐます。

まづ「ゐし」を「いし」と新かなで表記した件ですが、これは先にもしつこく言いました。意味がわかりません。

もつとも私はいまこれを本来「ゐし」だらうとしたわけですが、これはわかりませんよ。「石」かもしれない。

　撓み石。

「しめり帯びたる石」と首尾対応させてゐるのかもしれない。「たわみ石」とは耳慣れない言葉にはちがひありませんが、歌人はある程度は造語してもいいのです。「なにか撓みゆがんだ形で冷えかたまつた石のやうな」私の「いまの心ぞ」と詠嘆してゐるのではないか。

あるいはまた、「撓み、それそのことよ」といつた強調の古語には「いし」といふ助詞がある。それかもしれない。

　言《こと》清くいたもな言ひそ一日だに君いしなくはたへがたきかも　（万葉集）

といふわけです。

　この歌は高田《たかだ》の女王《ぢよわう》といふ人の、苦しく悲痛な恋の歌です。「言葉ばかり、きれいにあれこれおつしやらないで。私はたつた一日でもあなたに、さう、あなたその人にお会ひできないとつらくてとてもたまらないの」といふ心を歌つてゐます。「あなた、まさにその、あなたその人」といつた強調の「いし」です。

あるいはまた「意思」「意志」かもしれない。「たわんでゐる我が意志、その私の今の心ぞ」と解釈すればできないでもない。

「たわみ」などの動詞の連用形に、名詞を接続させて形容するといふ語法はちやんとあります。「招き猫」「歯磨き粉」なんかがさうです。「撓み石」「撓み意志」は十分成り立つ。

あるいはまた「射し」なのか「鋳し」なのか「率し」なのか、わかつたもんぢやありません。これが新かなであることによつて意味不明となつたのです。

それでもまあ「撓み居し」つまり、たわんでゐた、といふ意味に取つておきませう。

●――だらりと長い形式動詞

ところがさうなると、例の形式動詞といふことになる。これはくりかへし言つたやうに冗長である。無駄である。字句の節約原則に反する。情報量が一気に下落する。しかも意味の取りちがへがおこりやすい。といふわけでこれ自体が大きな傷となることが多い語法です。

この形式動詞は、「──てゐる」「──てをり」といふ形で現れることが多く、さうすると、新かなではこの両方ともが大混乱のもととなる。それは見たとほりですが「撓みいし」などを見ると、この形式動詞の使用が、意味的に適当な場所なのかどうか、助動詞「し」の意味が確実にとらへられてゐるのかどうか、など、詩歌の鑑賞どころではないさまざまな不安が生じてきます。

形式動詞といふのは、俳句のところでも述べたやうに、むだに長くなる語法ですから芭蕉などは少なくとも『奥の細道』では一度も使つてをりません。それが現代俳句、現代短歌にはやたらに多くなつてゐる。

これは文法の変化とは関係ありませんよ。文語の文法の基本は変つてはゐませんから。

私が言つてゐるのは文語の和歌・俳句です。口語の歌でも、先に俵さんのものので見たやうにゆがんだりまちがへたりといふ現象があらはになるのは文語を使つた部分でした。

つまり、むかしといまと比べて、形式動詞をもつて表現すべき歌材が多くなつたなんてことでもあればともかく、そんなことはあり得ませんから、同じく文語を使ひながら現代のものに多いといふのは、本来使ふべからざるところに使つてゐることを意味します。

真下清子さんの作。

絶望絶望と呟きてゴッホが歩みゐし小道も描きて君は帰りぬ

杉山葉子さんの作。

塗料はげし家ならびゐぬこの町に嫁《か》すべく迷ひき敗戦の年

これらは専門歌人の作品ですが、新聞歌壇でもこれはまさに花盛りです。朝日歌壇、五島美代子選のものですが、

産み月の我を残して征く朝を刻《とき》かけてゲートル巻きいき夫は

泣きわめく子にほほえみて手話をする母あり頬を涙流れいき

この「巻きいき」は「巻きゐき（巻いてゐた）」でせう。「流れいき」は、これはきつと「流れゐき」なんでせう。

右は少々古い切り抜きから取つたのですが、もちろんいまも変りません。

馬場あき子、島田修二同時選。

気がつけば小動物の眼して枯野に風の立つを見ており

馬場あき子選。

山鳩のつがい真庭に下りいるをわれに知らせて子は出勤す

島田修二選。

酒飲みつつ真っ赤な空爆見ておりつ魂までも腐らすテレビ

といふ具合です。

さて、これがどうしてよくないのかとまだおつしやいますか。よくありません。ひとくちに言つて旧かなのものはムダであり、新かなのものは意味不明かつムダです。それはもうくりかへし言ひました。

●やつぱりゆるい形式動詞

『朝日歌壇』の手元のものを数回分を見たところ、たとへば四十首の中に四例（平成十一年二月一日）、六例（平成十五年四月二十一日）、五例（同二十七日）といふ様子でした。だいたい七八首に一例といふことになります。私がここで言つてゐる形式動詞といふのは、文法上定義づけられたすべてのものを指してゐるのではなく、特に問題の多い「てゐる」「てをり」のことです。

さてこころみに古今集の巻一「春歌上」で探してみましたら、六十八首の中にゼロでした。

梅が枝にきゐるうぐひす春かけてなけどもいまだ雪はふりつつ
（よみ人しらず）

――はちがひますよ。「きゐる」はなるほど「来てゐる」と訳せさうな語ですが、これは現代語でいふ「来てゐる」状態を表す補助動詞・形式動詞ではありません。「来て、そしてそこに止まつてゐる」といふ意味の本動詞です。これをまねてもし私などが、

我が庭にきゐる雀ら鳴き交はし――

などとやつたらこれは笑ひものです。本来の意味の使用なら「事実誤認」で、雀らは「ゐ」はしないし、いま風の形式動詞なら実質的意味がない。ましてこ

れを「庭にきいる雀」なんてやつたら、目も当てられませんね。

近代の歌人にはこの例が残念ながら多くなつてきましたが、たとへば長塚節の『病中雑詠』六十三首を見ると、なんとか探しても一首です。ただその一首も、

そら豆の柱のごとき茎たたばいづべに我は人思ひ居らむ

といふのであつて、じつと人を思ふ時間の経過がこの「思ひ居ら」にはこめられてゐる。つまり、単なる形式動詞とは言へない。本動詞と言つていい。となれば形式動詞は一首もないことになります。

有名な歌集『鍼《はり》の如く』二百二十六首では、十首ばかり見られます。ただそれもたとへば、

そこらくにこぼれ松葉のかかりゐる枯枝も寒し落葉焚《た》く日は

といふもので、いま松葉がどういふ状態にあるかを考へるとかならずしも形式

動詞ではない。つまり「かかりつつある」のでなくて「かかつた状態にある」といふことなら形式動詞ではありません。正解は後者でせう。

要するにきはめて少ないといふことです。

それがいまは七八首に一首といふのは、いかに歌がゆるんで薄くなつてゐるかを物語るものです。

ひどいぞ「いし」は

ところでまた武川忠一さんの歌、

撓みいしいまの心ぞ寒の月しめり帯びたる石に射す光

を見てみます。今度は助動詞の問題ですが、ここにある「し」は誤用です。

ひとの用語の誤用を指摘するといふことは、ちかごろの歌人はほとんどやらないやうですが、これは本来盛大にやるべきものです。私などから見ると、たがひになにか馴《な》れ合ひでやつてゐるやうに見えます。いや、もつと皮肉にいふと、たがひに他の誤用が気づかなくなつてゐるのではないでせうか。

齋藤茂吉のちよつとおもしろい文章があるので紹介しませう。三井甲之《みつゐかふし》の文法上のまちがひを痛烈に批判したものです。

三井甲之氏の「北風の吹き来る野面をひとり行き都に向ふ汽車を待たなむ」の、「なむ」の用ゐざまなども謬妄《びうまう》から来てゐる。この誤謬《ごびう》は三井氏に限つたことではない。よく少年の徒の陥る誤謬の一つである。この誤謬を久保田氏から指摘されて、三井氏はそれに服せない。そしてさも意識して、万葉歌人などの用ゐざまをよくよく呑み込んでの上の用法であるが如くに云つてゐる。これは瘦我慢《やせがまん》と謂はむよりは寧《むし》ろ妄執である。武者小路氏の文章にむかつて「君らの日本語が」などといつてその語法の変則をわらつた三井氏が、こんどはあべこべに自分の誤謬に我を張つてゐる。このぶんに行くと、「新文法を創造してみせる」などと息巻くに至るかも知れぬ。(「『なむ』『な』『ね』の論」)

いや痛烈なものです。その齋藤茂吉も、「をす」といふ敬語を自分の食べる動作に使つたことをだれだつたかに指摘されて、弁解に四苦八苦したりしてゐます。

要するにたがひにやり合つて、結局彼らは近代歌人として巨大な存在となりました。

ちなみにここの「なむ」は、誂《あつら》への終助詞といはれ、口語の「てほしい」にあたる語です。

小倉山峰のもみぢ葉こころあらばいまひとたびのみゆき待たなむ　（拾遺集）

といふわけです。つまり小倉山の峰のもみぢ葉よ、もしお前に心があるならば、帝のつぎの行幸まで散り落ちずに「待つてほしいものだ」の意。三井甲之の場合は、自分が「汽車を待たう」と言つてゐるのですから「汽車を待たなむ（汽車を待つてくれ）」と言つたのではやはり「誤謬」です。

古典に見る大歌人たちも、ずいぶんはげしくほとんどののしり合つてゐます。彼らは語句・語法のまちがひはしないわけですから、語彙の選択や詠みぶりなどについてじつに遠慮なくやつつける。

平安末期、鎌倉初期の大歌人に寂蓮法師があります。

村雨の露もまだ干《ひ》ぬ槇の葉に霧たちのぼる秋の夕暮れ

の作者ですから、私たちにはなにか優にやさしいイメージの人ですが、歌について はそれはきつかつた。同じころ顕昭《けんせう》法師といふ、これも劣らぬ歌人があつて、

さらぬだにひかり涼しき夏の夜の月を清水にやどしてぞ見る
（千載集）

ほかたくさんの名歌もあれば研究書もあるといふ大物です。

これが歌合で顔が合つたりするとえらいことになる。顕昭が寂蓮の歌を見苦

しいと言へば寂蓮も負けずに、そつちの歌は大袈裟でわざとらしいなんて言ひ返す。それが宗匠藤原俊成の前でなのですからたいへんなものです。この寂蓮は顕昭に対して、「顕昭が詠みはべるやうなる歌は、寂蓮が詠み損じたる歌にはなはだ多し」なんてひどいことを言つてゐる。

「し」とはなんだ

武川さんの「し」が誤用だといふ件ですが、「し」といふのは過去の助動詞「き」の連体形です。この「き」は、時間的にはつきり過去に属する事実を述べる語で、文法書によつては「目睹回想の助動詞」と言つてゐることはさきに触れたとほりです。自分の現実の体験として、過去の事実と認識してゐるものについて用ゐる。

京より下《くだ》りし｜ときにみな人子どもなかりき｜。（土佐日記）

死にし｜子かほよかりき｜。（土佐日記）

などが典型的な用法です。

「死にし子かほよかりき」といふのは当時のことわざのやうですが、任地の土佐で愛児を死なせてしまつた紀貫之の、痛切な体験からきた言葉です。「京より下りしときにみな人子どもなかりき」といふのは、自分は任地で子を死なせてしまつたのに、ほかの人たちは土佐に下つたときには子がなかつたのにいまは幼い子ができてゐて、その対照を悲しく嚙みしめた心から出てゐます。

このとき貫之の妻は、

なかりし｜もありつつかへるひとのこをありし｜もなくてくるがかなしさ

と詠みました。

子がなかつた人も子を得て帰るといふのに、あつた自分が失つて帰ることのなんと悲しいことか。

ここの「き」「し」などは、自身の「痛烈な過去」を語る実に重い言葉になつてゐるのがよくわかる例でせう。

「き」は、自分自身の経験ではない場合でも、「決定的な過去の事実として――過去の事実を、言語主体の現在点から切り離して対立させ、決定的に述べたものであらねばならない」（春日和男）といふもので、たとへば、

香具山《かぐ》と耳梨山《みみなし》と会ひしとき立ちて見に来《こ》し印南国原《いなみくにはら》（万葉集）

となります。この大和三山のことは伝説的な事柄であつて歴史的事実といふものとはちがひますが、自身において決定的に過去の事実として認識してゐることを表現してゐるのです。同じく伝説的事柄でも、たとへば『竹取物語』などでは、

いまは昔、竹取の翁といふものありけり。野山にまじりて竹を取りつつよろづのことに使ひけり。

となる。これは伝説として聞いた物語である、といふことを表現してゐます。このやうな場合、「竹取の翁といふものありき。――よろづのことに使ひき」とは絶対に言ひません。

「撓みゐし」とあれば、撓んだ状態を過去において現実に体験した、といふことになる。ところが「撓みいしいまの心」とある。「いまの心」ですよ。まさか「過去においては撓んでゐたが、その心はいまは」といふことではないでせう。もしさうなら「撓みゐし心はいまぞ」とかなんとかなるはずです。「し」は「た」と直訳するしかなく、すると「撓んでゐたいまの心」となりますがそれは形容矛盾です。

●――「し」には意味がある

古今集巻十六につぎの歌があります。

草深き霞の谷に影かくし照る日のくれしけふにやはあらぬ
（文屋康秀《ふんやのやすひで》）

「くれし」が現在時点を表す語「けふ（今日）」にかかつてゐる。それはよくないといふ私の指摘の反証になるやうに見えます。

ところが、この歌で「暮れた」のは「今日」そのものではない。一年前の「今日」なのです。本日ではなく、一年前の今日。そしてそのことは「くれし」の「し」一字で表してゐるのです。

現代歌人流で解釈したらこの康秀の歌は、「さきほどまで照つてゐた日も暮れ落ちた今日のこの日ではないか」といふ具合になるでせう。ところがほんたうは、「帝がお亡くなりになつたのは丁度去年の今日のこの日なのだなあ」といふ意味であつて、それをわからせるのが「し」一字の働きなのです。

近藤芳美選。

海峡に出でし月かも荷役終え草に尿をしつつ仰げば

これも同様によくない。この月は、いま現在出た状態にあるからです。「出づる月」「出でたる月」とでもあるべきところでせう。

この指摘にもけげんに思ふ人がありますか。

古今集にあり百人一首にある有名な歌につぎのものがある。

天の原ふりさけ見れば春日なる三笠の山に出でし月かも
(安倍仲麻呂《あべのなかまろ》)

私の知人はこの歌をながめながら、大した歌とは思はれぬと言ふ。なるほど大空の月であれば「天の原ふりさけ見る」といったものではあるかもしれないが、崑崙《こんろん》やヒマラヤではあるまいし、すぐそこの三笠の山に出た月をながめてゐるにしては身振りが大きすぎる。大した歌ではない、と言ふのです。

さういふ意味ならばたしかに大した歌ではない。

ところがちがふ。それは単に語句解釈のまちがひにすぎません。

近藤選歌「海峡に出でし月」はいま目の前に「出てゐる月」です。同様に「三笠の山に出でし月」も「目の前に出てゐる月」だと思つたら大まちがひ。

実は三笠の山に月が出たのは、三十五六年も前のはるかむかしのことです。目の前にたしかに月はあるけれども、この月は四十年近くも前に三笠の山に「出た」月、あれと同じ月なのだなあ、と、中国蘇州といふ遠い異境で歌つてゐるのがこの歌です。時も所もはるかにへだたつてゐる。天の原ふりさけ見る身振りはこれでも足りないくらゐでせう。

古歌ならばこのように正確な解釈が成り立つのは「し」一字のためであり、安心して鑑賞できるのは、古人は誤用をしないからです。

「し」は「た」でない

武川さんの「撓みし心」は実は「撓んだ心」と言はうとしたものです。つまり、「撓んだ心」の「た」を過去の助動詞「き」の口語だと思ひ誤つて「撓みし心」とやり、ついで音数を合はせるために「撓みいしいまの心」とやつた、といふわけです。

「撓む心」「撓みたる心」とすべきでせう。

さきほど挙げた真下清子さんの作「絶望絶望と咳きてゴッホが歩みゐし小道も描きて君は帰り来」は形式動詞の問題で挙げたのですが、この「し」もいけません。

ゴッホが歩いたのはたしかに過去の事実にはちがひありませんが、自分自身の「目賭回想」ではない。この歌を見たら、歌人以外ならだれでも、「おや、この人はゴッホが歩いてゐるところを実際に見てきたのか」と思ふでせうし、さう思ふのが正しい語句解釈です。自分の目撃談でなくては「歩みゐし小道」などとは言へないのです。しかもこの小道に行つてきたのは「君」だといふのですから相当にひどいことになつてゐる。

「歩みし小道」「歩みきといふ小道」ならばまあいいでせう。それをさうしなかつたのは、その小道は「ゴッホが一度歩いたことがある」といふのではなく

「よく歩いてゐた」つまり習慣的・継続的な行動だつたからでせう。その場合、現代語ではたしかに「彼は通勤にはその道を使つてゐた」と言ひますね。しかしこれを文語に逐語訳するわけにはいかない。

使つてゐた
使ひゐし

と移し替へるわけにはいきません。そもそも「してゐる」といふ連続的・継続的動作状態に「き」はそぐはない。

この「き」の具体的・現実的性格、また動作の一回性といふ点には注意すべきで、たとへば万葉集の第一巻の八十四首についてみると「き」は十六回しか使はれてゐません。それに対して、分量としては和歌の何分の一かにすぎない詞書《ことばがき》の部分には六十八回も使はれてゐる。詞書は単なる事実を、具体的客観的に散文で述べたもので、伊勢においでになつた、狩猟にお出かけになつた、といつた散文の記録がほとんどだからです。

●――「信濃にありし木曽路川」

この「き」の具体性・経験性といふことに関しては、『十訓抄《じつきんせう》』におもしろい話があります。

保元の乱で罪を得て信濃に配流されてゐた按察使《あぜち》の資賢《すけかた》といふ人が、配所より帰つて後白河法皇にお目にかかつたとき、法皇から今様《いまやう》を歌ふやう言はれた。そこで資賢は、

信濃にありし木曽路川――

と歌ひだしたところ、院はまことに感じ入つたご様子でおほめがあつた。途中のこの段階でもうおほめがあつた。なぜでせう。

もし、みやこ人が遠い信濃を思ひやつて歌ふなら「信濃にあんなる木曽路川」とでも歌ふはずである。しかしながら汝は信濃で実際に木曽路を踏み歩いてきた。木曽の川もその目で実際に見てきた。だからこそそのやうに、「信濃

にありし」といふ表現になるのだなあ、といふのが後白河院のおほめの理由でした。

過去の助動詞「き・し・しか」の重さがよくわかる逸話ではないでせうか。

●――「はげし家」とは

杉山葉子さんの作「塗料はげし家ならびゐぬこの町に嫁すべく迷ひき敗戦の年」には「き」が二回使はれてゐる。傍点の語です。

これは「はげた」の「た」を「し」に置き換へただけのものですが、しかし、だれかがこすつたら剝げたのを目撃したのではなく、「見たときにはすでに剝げた状態にあつた」のですから、「塗料はげたる家」がほんたうです。

一方「ならびゐぬ」は、直訳「並んでゐた」で、さきほど言つた継続状態の問題はありますが並んでゐたのは完全に過去の事実ですからその点はいい。つまり「ならびゐし」だつたらいいといふことです。ところが皮肉なことにここには「ぬ」が使はれてゐる。これはいけません。「ぬ」といふ完了の助動詞は数十年前の思ひ出を語るやうな語ではない。いまその場で、あることがすうっと済んだといふことを表す。

秋は来ぬ紅葉はやどに降りしきぬ道ふみわけて問ふ人はなし　（古今集）

椿落ちて一僧笑ひ過ぎ行きぬ　（堀麦水）

といふわけです。いづれも、いまそのことが済んで結果がここにあることを言つてゐます。

あまり「き」を無差別に使つてゐると、ときに変化をつけようとしてかういふ取りちがへをしてしまふといふ例です。「嫁すべく迷ひき敗戦の年」、この「き」は完全な正用です。

「し」は「た」でない再び

生方たつゑさんの作品。

かなしき歴史もちし――この国に生れきて乳母車平和にねむるをさな子

「歴史もちしこの国」は変です。「この国」なるものはバビロン、シュメール、隋唐の類ではありますまい。日本でせう。日本ならば、将来は知らず現在はまだ存在してゐて日々歴史を刻みつつある。それを過去の遺物扱ひしてはいけない。

いやいや生方さんにそんなつもりなどなく、ただちよつと不注意をやってしまつたわけです。「歴史をもつこの国」あるいは「歴史もちたるこの国」です。

新聞歌壇、前川佐美雄選の歌。

子を抱きし――骸《むくろ》もありぬ――兵われら八月七日の広島に入りし

この「し」は「たる」が正しい。一方これも皮肉なことに「ぬ」は「き」が正しい。「し」の濫用がもたらした滑稽です。おしまひの「し」は、連体止といふ修辞法のひとつで、正用です。

馬場あき子選。

俺に似し―石仏かなと頭を撫でて男は行けり春の日遅々

これは「俺に似たる石仏」でなくてはならない。だいたい、「似る」などという元来が継続状態にあることを表す動詞に「き」など付きません。

宮柊二《みやしゅうじ》選。

こつこつと乾きし―音に目覚むれば窓の水滴雀吸いおり

「乾きし音」は成り立たない。「乾きたる音」です。

とんでもないところに「し」を使ふものだからいまの和歌では猛烈に多用されてゐます。すこし前までは新聞歌壇四十首位の中に三十回ほどは現れました。ほぼ一首ごとです。正岡子規の『竹の里歌』中、明治三十三年作三百十四首の中には三十八回だけです。無限の歌材を自由に歌つたらこの程度になるのは当然でせう。最近すこし減つてゐるのは、

そんなものあるはずがない簡単にきれいに終わる戦争なんて
(朝日歌壇)

といつた口語短歌が増えたためにほかなりません。

太田行蔵《こうぞう》といふ、実に繊細な歌を詠んだ歌人があります。この人は歌人たちの「し」の誤用をつねにいましめ、またなげいてゐました。『四斗樽』といふ著書まであります。もちろん『シと夕ル』の誤用に気づけといふ願ひであり叫びでした。存命中は事つひに成らなかつた。無念だつたでせう。

私もずいぶんしつこく言ひました。もう十分わかつたでせうが、こんなまちがひが出る理由について、もうひとことだけくりかへしておきます。

似た顔｜

乾いた音｜

歴史を持つた国｜

子を抱いた骸
塗料のはげた家
撓んだ心

などの「た」は文語「し」にはなりません。「た」は意味のまつたくちがつた語です。完了・存続の助動詞といつて、いまある状態を表す語です。

錆びた釘
曲がつた腰
ぶら下がつた紐
あきれた振舞
さめた心
しやがれた声

などと同じものです。

それを現代の歌人の大方は、錆びし釘、曲がりし腰、ぶら下がりし紐、あきれし振舞、さめし心、しやがれし声、とやる。この滑稽には是非気づいてください。

情理兼ねそなへた人
ひきしまつた表情
知つた顔
酸いも甘いも嚙み分けた人
変つた風貌
腐つた魚
濡れたハンカチ
禿げた頭
困つた子
凍つた大地
飢ゑた子ら
見飽きた顔
やせた女

人を食つた顔

人を食ひし顔…………なんてやらないでくださいね。

かなづかひとは関係のない話題のやうですが案外さうでもない。かうしたことに気をつけるやうな人は、文語・古語をよく見ることになる。さういふ人がもはや文語で新かななどを使ふはずはありません。

コラム〔送りがな〕

俳句の入門書を見てゐるとときどき、「俳句では送りがなを少なくする」とか「文語は送りがなが少ない」とかいふ注意書きを目にします。しかしそれはをかしい。

そんな規則などはありません。少なめに送つても支障なく読めるなら送らなくてよろしい、といふことにすぎません。芭蕉の句に、

鷹の目もいまや暮ぬと啼鶉

とあつてたしかに少ない。「くれぬ」は「暮れぬ」、「なくうづら」は「啼く鶉」と書くのが一般かもしれませんが、しかし芭蕉のやうに書いてもほかに読みやうがありません。まさか「ぼぬ」でも「ていじゅん」でもないでせう。それなら「いまや暮ぬと啼鶉」でいいわけです。

入門書の指導はもしかすると、昭和四十八年の内閣告示第二号「送り仮名の付

け方」の指示より少なくする、といふ意味なのかもしれませんが、「俳句」だの「文語」だのはそもそもはじめから内閣告示などとは無縁なのですからまことに不思議な指導です。

私たちは日常生活でも、「入り口」か「入口」か、「取り組み」か「取組」かなんて意識する必要はまつたくありません。たがひにわかるやうに書けばいいだけです。

第四章

正確な文語に慣れる

●寺山修司の文語

寺山修司といふ天才的な歌人があつて、その代表作といはれるものにつぎの作があります。

マッチ擦るつかのま海に霧ふかし身捨つるほどの祖国はありや

昭和十年生れの歌人の昭和二十九年の作ですが、精神の集中度のきはめて高い傑作です。

この歌の場合、かなづかひの問題はありません。新かなで書かうが旧かなで書かうがかうなります。用語は文語です。

霧ふかし

身捨つるほどの

ありや

は正格の文語で、古典文法の語法に完全に合致してゐます。

「捨つるほど」は、下二段活用の動詞「捨つ」の連体形「捨つる」に体言「ほど」が接続した形で、古典的正格の用法です。つい口語で「捨てるほどの」とか、文語を使ったつもりで「身を捨つほどの」などとやってしまひがちで、専門歌人でもよくやる。とばつちりを飛ばすやうですが立川敏子さんの歌に、

鎮め得ぬ人恋ふこころ若竹の直ぐ立つほどに伸ばば泣かむに

といふのがあります。ところが「恋ふ」といふのは上二段活用ですから、「こころ」に続けるなら「恋ふるこころ」でなくてはならない。

いにしへにありもやしけむ今ぞ知るまだ見ぬ人を恋ふるものとは　（伊勢物語）

といふわけです。それを終止形で「恋ふこころ」とやつてゐます。かういふ不注意をやりがちなのに寺山修司はやつてゐません（次ページの活用表参照）。

	語幹	未然	連用	終止	連体	已然	命令
捨つ	す	すて	すて	すつ	**すつる**	すつれ	すてよ
恋ふ	こ	こひ	こひ	こふ	**こふる**	こふれ	こひよ

もつともここで立川さんは不満かもしれません。とんだとばつちりだ、「恋ふ」は四段でも活用するのだと。いやいや知つてます。室町時代ごろには「恋ふ」は四段にも活用して、

	未然	連用	終止	連体	已然	命令
恋ふ	恋は	恋ひ	恋ふ	恋ふ	恋へ	恋へ

となることもあつたとされてゐます。

用例が揃つてゐるわけではありません。特定のものに少数あるだけですが、

しかしそれも俗謡などに散見される程度の俗用にすぎません。

それに立川さんは末句で「伸ばば」とやつてゐますがこれはひどい。「伸びる」意味の「伸ぶ」は「び・び・ぶ・ぶる・ぶれ・びよ」の形で上二段活用です。未然形は「伸び」ですから、これは「伸びば」としなくてはならない。いまどきの高校生でもけつしてやらないまちがひです。

さてそれはともかく十八歳の寺山さんは「捨つるほど」と正確に表現してゐる。

「祖国はありや」もきちんとしてゐますね。

「ありや」などはつい「あるや」とやりたくなる。言ひ切るときは終止形「あり」に「や」をつけるのが正格です。

名にしおはばいざこと問はむ都鳥わが思ふ人はありやなしやと
（伊勢物語）

といふ具合です。

寺山さんのものはこのやうにしつかりしてゐるのですが、ところが少々困つたことにはほかの作品がどうも新かならしい。「らしい」といふのは、私の持つてゐる思潮社刊『現代詩文庫』ほかの印刷では新かなだつたりまぜこぜだつたりするからです。たとへば、

製粉所に帽子忘れてきしことをふと思い出づ川に沿いつつ

などがさうです。まぜこぜになつてゐる。正しくは「思ひ出づ」、「沿ひつつ」。これは印刷ミスなのかもしれませんが、いづれにしろ昭和二十年代の青年なら、それほど厳密には考へなかつたかもしれません。それはそれでしかたがないでせう。

新かな・文語の歌人たち

さてだいぶ遠回りをしましたが、文語・新かなの歌のことです。いはば身についた表現手段として文語を使ひ、そしてはつきりした意志をも

つて新かなを使つてゐるのですが、これはかなり異様なありかたではないでせうか。

順不同ですがすこし挙げてみます。

坪野哲久、窪田章一郎、香川進、近藤芳美、高安国世、前田透、武川忠一、岡井隆、馬場あき子、佐佐木幸綱――。

いやはや、かう並べてみれば、歌を作る読者ならばたいてい、この中のだれかを師としたり孫弟子だつたりするのではありませんか。絢爛たる顔ぶれです。

いくら大物ばかりでも新かな使用による欠陥・不合理・意味曖昧といふ問題はある。この人たちはよく新聞歌壇の選者をつとめたりしてゐますから、その選歌、またすこしは本人の作品も挙げて、どんな問題があるのかを見てみませう。

近藤芳美さんの新かな作品。

まざまざと昨日の死あり戦後をば今とし言えば人あざ笑え

これは昭和五十年ころの作品だつたと思ひますが、この歌意は一応つぎのやうに考へられます。

私は、知友の戦死した人々の死をまだまざまざと胸のうちに残してゐて、とても遠く過ぎ去つた過去とは思はれない。戦後は終つたなどといふけれども、私なら今こそ戦後だと言ひたい思ひである。私が「今こそ戦後なのだ」と言つたなら、人は勝手にあざ笑ふがよからう。

だいたいこんなところではないでせうか。

つらい、厳しい思ひのこもつたよい歌です。

ところがさて、この歌は語法上そのやうな意味にはならないのです。

私が右のやうに解釈してみたのは、そのやうに表現してはゐないが、作者の気持はそんなところにあるのだらうと、他の要素から考へて推定したものにすぎません。

第二句で「昨日の死あり」とずばりと言ひ切つてゐますね。つまりこの「あり」は文語のラ行変格活用の動詞「あり」の終止形です。

「戦後をば」の「をば」は古語・文語とは言ひ切れませんが、文語の詩歌にしばしば現れる「文語的」語句です（ついでながら文語と現代口語とは、結局のところ厳密に分けることはできません。「汝姦淫するなかれ」だの「立ち入るべからず」だの「業務部長を命ず」だのといふ言ひ方は、文語文法でしか扱はない語句ですが現代口語文脈の中でみなさん平気で使ひますからね）。

「言えば」とはなにか

さて「今とし言えば」とある。「今とし」の「し」は古語です。「今と」を承けて強調する働きがある。「言えば」が特に問題ですが、これは明らかに新かなです。新かななら現代語のはずです。そして現代語の「言えば」は、「言うならば」といふ仮定の意味となるのです。

だから私もさつきの解釈でそのやうに訳してみたのですが、一方、この歌は「あり」ほかたしかに文語を使つてゐて、しかもこの人は文語でも新かなで表記する人だといふことを勘案すると「言えば」は本来「言へば」かもしれない。

それを新かなに置き換へただけなのかもしれない。

さてさうなると大変なことが起ります。「言へば」はけつして「もし言ふならば」の意味ではありません。

言つたところ

言つたものだから

といふ意味になります。

口語の「言え」は文法で仮定形といはれるものですが、文語の「言へ」は已然形とよばれるものです。意味用法がまつたくちがひます。

ちよつと活用形を見てください。

〈口語〉	語幹	未然	連用	終止	連体	仮定	命令
言う	い	言わナイ	言いマス	言う	言うトキ	言えバ	言え
〈文語〉	語幹	未然	連用	終止	連体	已然	命令
言ふ	い	言はズ	言ひタリ	言ふ	言ふトキ	言へバ	言へ

活用表なんか出てくると昔の国語の授業などを思ひ出して、身を引いちやふ人が多いものですが、ここだけは是非おぼえておかなくてはならない。

五番目の活用形は「仮定」と「已然」とちがつてゐます。「已然」の文字をよく見てください。「已《い》」は、「すでに」とか「をはる」とか「やむ」とか訓読しますね。「己《こ》」や「巳《し》」とはちがひますからご注意を。

そんなわけで「已然」は「すでにしかり」、つまり動作は已《すで》に已《をは》つてゐる状態を表現する語形式です。

この名称は江戸時代後期、天保のころの国学者東条義門《とうでうぎもん》の命名が最初ですが、そのすこし後の鈴木重胤《しげたね》は「既然言」と名づけてゐます。その方がわかりやすいかもしれませんね。

ときはなる松のみどりも春くれば今ひとしほの色まさりけり　（古今集）
（春が来たものだから）

といふわけです。

もちろん現代口語ではこれが仮定を表す形になつてゐるのですから、じわじわと変化してきてはゐました。また漢文の訓読にはかなり早くから使はれました。

芭蕉にも、

物いへば唇寒し穐《あき》の風

といふ句があります。この場合「いへば」は仮定の意味となつてゐます。しかしだからといつて近藤芳美さんが芭蕉に従つたといふわけにはいかない。芭蕉の句は『文選』からとつた座右の銘を題としたもので、漢文脈のいはば教訓句です。事情がちがふ。いくら江戸時代には仮定用法があつたとはいつても、芭蕉もたとへば、

菊の露落ちて拾へばぬかごかな

と、已然形はきちんと「拾つてみたところ」といふ意味で使つてゐます。「拾

ふならば」ではありません。同様に近藤さんの「言えば」も「言ふならば」ではなく「言つたものだから」となる。ところがしかしさうなると、末句の「人あざ笑え」と意味がつながらなくなる。だからこの「人あざ笑え」といふ命令形を生かすためには「言えば」を仮定形と見た方がよからう——。

私がさつき示した例解は、こんな推理の結果出てきたものです。語句解釈から来たものではありません。

言ひ換へれば、この歌は「わからない歌」です。意味不明の歌です。

もしこれをわかるやうに表現するなら、語呂は合はないけれども、

今とし言へば　人あざ笑ふ（言つたので人があざ笑ふよ）

今とし言へば　人あざ笑ひき（言つたら人があざ笑つたことだ）

今とし言へば　人笑ひけり（言つたら人が笑つたなあ）

などとするか、あるいは、

今とし言はば　人あざ笑はむ（言つたら人はあざ笑ふことだらう）

今とし言はば　人の笑はむ

今とし言はむ　人あざ笑へ（おれは言ふぞ、さあ人よ、あざ笑ふがよい）
今とぞ言はむ　人あざ笑へ
今とこそ言はめ　人あざ笑へ
今と言ふなり　人あざ笑へ

などとした方がいいのです。

近藤さんにしても、もし「言へば・笑へ」と旧かなをすなほに使つてゐたら、こんな混乱は起さなくて済んだでせう。已然・仮定のことはいやでも意識することになりますから。

●──「にき」の怪

もつとも近藤さんは若いころから大雑把なところのある人だつたやうでこんな作があります。

あらはなるうなじに流れ雪ふればささやき告ぐる妹の如しと

バルコンに二人なりにきおのづから会話は或るものを警戒しつつ

流れ雪の歌は意味不明です。いや、本来の用法だつたならよくわかるのですよ。しかしさきほどの「今とし言えば」と同じ用法（仮定）だつたならもうわからない。「ささやき告げむ」とでもするしかない。

バルコンの歌では「二人なりにき」、こんな日本語はありません。「に」は完了の助動詞「ぬ」の連用形のやうですから、「二人なりぬ」といふ語法が成り立たなくてはならないのですが、そんな日本語はなくて「二人になりぬ」です。

この歌は、バルコンで恋人同士がやつと「二人になつた」といふことを言つたものですから「なり」は動詞です。「二人なり」といふ表現はありえません。

まさかとは思ふけれども「なり」を助動詞のつもりで「二人なり」を「二人である」との意味で使つたのだとすれば、続く「にき」はほとんど畸形《きけい》です。

この二首が歴史的かなづかひになつてゐるのは、作られたのが戦前で、まだこの世に新かななるものが存在しなかつたからです。

●近藤さんの悲劇

また近藤さんは長いあひだ朝日新聞の歌壇の選者でしたが、そのときの選歌にこんなのがあります。

思い出をつくらんとせば――みずからも人も傷つけ共に悲しき

「せば」は「するならば」の意味の語ですから歌全体は意味不明です。「未だ」してもゐないのに、さう仮定しただけで悲しいとは異様でせう。末句が「悲しからん」だつたら語義は通るけれども中身があまりに悲惨な敗北意識となる。

この歌は察するに授業展開に失敗した小学中学の教員の作で、「思ひ出を作らうと試みてみたのだけれど」といつた歌意と思はれます。それならば「せしかば」「せしかども」などでなくてはならない。

そのあたりを曖昧にして近藤さんがこれを選んだのは、動詞活用だの接続だのといふことには関心がなかつたといふべきでせう。またさうだからこそ戦後簡単に新かな派になりえたのかもしれません。

またこの人の選歌に、

雪の中に埋められて居し民兵が担がれて来《き》ぬ土地革命の頃

といふものがあります。

このまちがひはちよつと気づきにくいと思ひますがまちがひです。「担がれて来ぬ」は、何十年か前のあの時「担がれて来たつけなあ」と言はうとしたものですが、しかし「ぬ」はそんなときに使ふ語ではありません。いま担がれてきたばかりで遺骸がそこにあるといつたときに使ひます。「きたりけり」とかなんとかなるべきところです。「し」は大丈夫です。

いや、近藤芳美さんの悪口を言ふやうな結果になりましたが、その結社『未来』派の人は多いはずです。腹が立つかもしれませんが私だつて近藤さんの歌のひたむきさ純粋さはわかるつもりです。ただここはかなづかひや言葉づかひについて考へてゐるところなので、こんな話になりました。

●――「恋ひ」は動詞です

直接にかなづかひの問題ではありませんが、いくつか例を挙げた活用・接続の問題で、注意してほしいものをほかにもすこし取り上げてみます。

歌人岸田典子の作品にかういふものがあります。


恋ふにあらね恋はぬにあらね秋霖にうたゝ過ぎし日そぼぬれゐたり

「恋ふ」についてはさきほど言ひました。「恋ふ」は上二段活用ですから、「恋ふに」がそもそも成り立たない。これは「恋ふるに」でなければなりません。「恋はぬに」ともありますが、これはちよつとひどい。

「恋ふ」は中世歌謡などでは四段に活用することもあると言ひましたが、それは「妻恋ふ鹿の音」などといふ文句がすこし見られることから、連体形に「恋ふ」を使つたこともある。連体「恋ふ」なら四段活用である。したがつて四段にも活用する例がある、といふ順序で推理されたものにすぎず、「恋はず」だの「恋へば」だのといふ例文があるわけではありません。それなのに作者はこれをまつたくの四段と思ひちがひをして使つたのが「恋はぬ」です。

ここは「恋ひぬ」が正しいはずなのですが、実はそれもまたまづい。「恋ひぬ」は理屈の上では成り立つはずで、実際、終止形の「ず」ならばいいのです。「恋ひず」と言ひます。ところが連体形「ぬ」に続けるのはむかしから不自然に思はれてゐたやうで、実際には「恋ひせぬ」と言ひました。

なにしろ叙情の和歌の世界でもつとも基礎的な語彙と思はれる「恋ふ」の、運用の知識が欠けてゐるのは困つたことです。みなさんは、恋ひズ・恋ひタリ・恋ふ・恋ふるトキ・恋ふれドモ・恋ひよ、すなはち、

ヒ・ヒ・フ・フル・フレ・ヒヨ

の形は何度でも練習して、かならずおぼえてください。

「あらね」のふしぎ

またこの歌では「あらね」が異様な姿を見せてゐます。
「ね」は打消の助動詞「ず」の已然形でせう。上二句「恋ふにあらね恋はぬにあらね」はここで言ひ切つてゐますからこれは文末です。文末に已然形がくるのは本来は「こそ」の結びとして、係り結びとして使ふ場合です。「大将にこそあらね」(大将でこそないが)、「馬こそ持たね」(馬こそは持つてゐないが)というふ具合です。

しかしそれはまあ厳密な話ではありません。「こそ」がなくとも已然形で結ぶことはよくあります。島木赤彦に、

信濃路に帰り来りてうれしけれ黄に透りたる漬菜の色は

がありますね。これは係助詞「こそ」がないのに「うれしけれ」と已然形で結んでゐる。これは破格といふべきなのでせうが、まちがひといふものでもあり

ません。言葉に勢ひが余ればかうなることはいくらでもあります。徳川時代の代表的歌人と言つてもいい香川景樹《かがはかげき》などは、その著『歌学提要』で、

花ぞちりけれ（本来は「花こそちりけれ」）

花こそちりける（本来は「花ぞちりける」）

などでさへ問題とするに足りぬと述べてゐます。現に歌舞伎『勧進帳』の長唄には、「霞ぞ春はゆかしける」などとある。

しかしだからといつて「恋ふにあらね恋はぬにあらね」でいいとは言へません。

これはおそらく「恋ふるとにもなく、恋ひせぬとにもなく」「恋ふるにもあらで、恋ひせぬにもあらで」といつた意味なのでせう。そんならさうと言へばいい。

それがなぜこんな表現になつたかといふと、「あらで」とやつた場合には言葉の意味が明瞭となつて、だれの目にもことがらが明らかになるために、「恋ふるにもあらず」といふ体験上の事実が詩の重みに耐へるか、その言ひ訳が立

たなくなるからでせう。その予防として取つたのが「あらね」といふ意義曖昧な語だつたと言へます。

死人の歌

「朝日歌壇」にかつて、前川佐美雄選のこんな歌が出ました。

目覚めねばこれで叩けと病む父の枕辺に母は物差し置きぬ

「目覚めねば」にご注意。「ね」は打消の「ず」の已然形です。さてそれで歌を解釈してみてください。できましたか。

それはだれもできません。

「目覚めねば」は正しく解釈すると「目覚めないものだから」といふ意味の語句です。だからさうだと思つて読むとわけがわからなくなる。まちがつた解釈をする、つまり「もし目覚めなかつたら」といふ意味に取れば歌の意味も通ります。誤解すればわかるなんて歌は作つちやいけません。

どうしてこんなとんでもない誤りが生じたかといふと、「目覚めなければ」の部分を文語で言はうとして、活用表の「なけれ」の横並びの部分、つまり「ね」に置き換へたためです。

ところが何度も言ふやうに次ページの活用表の横にある「ね」は仮定形ではなく已然形なのです。「目覚めずは」「目覚めずば」「目覚めざりせば」などでなくてはなりません。

〈文語〉ず		〈口語〉ない		ぬ(ん)
意味	打消	意味	打消	
未然	ず ざら	未然	なかろ	○
連用	ず ざり	連用	なかっ なく	ず
終止	ず	終止	ない	ぬ(ん)
連体	ぬ ざる	連体	ない	ぬ(ん)
已然	**ね** ざれ	仮定	**なけれ**	**ね**
命令	ざれ	命令	○	○

近藤芳美選の歌ではこんなのもありました。

我が逝けば障害の子の哭《な》かんぞと想いつつ今日も涙して臥《ふ》す

これも「誤解して」解釈すれば、泣かせる歌ですね。——私がもし死んでしまつたならば、障害を持つこの子は泣くだらうなあと思ひながら、私は今夜も床についたことだ——。

いい歌です。もしさう「言つてゐる」ならば。

しかしさうは言つてゐません。言つてゐるのは、「私が死んだところ」「私が死んだものだから」といふことです。

近江の海夕浪千鳥汝《な》が鳴けば心もしのにいにしへ念《おも》ほゆ　（万葉集）

といふわけです。

「我が逝けば」の歌、死人の歌と言つていいでせう。「逝かば」と仮定で言つてはゐないのですから。

選者はもしかしてこれは口語文法の仮定形だと言ふかもしれない。しかしその逃げ道はありません。この歌には「哭かんぞと」といふ文語が使はれ、文語の作品だからです。また近藤さんの選歌では、

雪とけぬ田面《たのも》に籾《もみ》を拾えねばイカルら果樹の蕾食い荒らす

といふのもあつて、これは「拾へないものだから」の意味で、しつかり文語已然形が使はれてゐます。

「ね」が文語の打消助動詞「ず」の已然形で、続く「ば」は「確定条件を表す接続助詞」と説明される語です。訳としては「ないものだから」となる語法なのです。その点で文語已然形が「しつかり使はれてゐる」と言つていいのですが、一方でここの「ひろえ」は、「ひろふ」の可能動詞形「ひろえる」の未然形で、この「ひろえる」は歴史的かなづかひで「ひろへる」と書いてみても現代口語固有の語形にほかなりません。文語なら「拾はる」となるものです。さういふ口語固有の語を文語固有の「ねば」に続けるのはそれ自体が一種の畸形

といふべきものです。「しゃべれる」に「ねば」を付けて、うまくしゃべれねば（うまくしゃべれないので）われ困っちゃひぬといつた表現と同様ですからまことにみつともなく、ほとんどマンガなのですが、いまは別問題としておきませう。

さてつぎのこれも近藤選歌。

難民に送る衣類を盲目の妻つくろえば我は糸さす

この「つくろえば」も「つくろつてゐるので」と已然形での正常な使ひかたですが、これらを氏は評価してゐるわけです。「つくろえば」が已然形なら「逝けば」も已然形でせう。やっぱり死人の歌です。

また同じく近藤選、

共稼ぎせねば得難き賃金と就職斡旋員いう閉山はして

といふのもある。この「せねば」もやはりだめです。語義は「しないものだから」ですから意味が通りません。「せずは」または「せずば」とあるべきところです。

幽霊が出た

ここでまたかなづかひのことですが、いま出てきた「つくろえば」「拾えば」などについて、私は気づかぬふりをしてこれは文語の已然形であるといふやうに話してきました。

しかし、実はこのやうな語は日本語には存在しません。

それを存在するかのやうに言つてみたのは、これを「日本語の音写」として仮に扱つてみたからです。

「日本語」ではどうなつてゐるか。

つくろへば

です。つまり「つくろえば」は仮名がちがつてゐるのです。

私は守旧派の頑固な話をしてゐるのではありませんよ。たとへば「いわ

（岩）」でも「おもう（思う）」でもいい。これらは旧かなでは「いは」「おもふ」となる。和歌・俳句では仮名なら「いは」「おもふ」とした方がいいだらうとは思ひますが、しかし「いわ」「おもう」が「日本語として存在しない」わけではない。新かなで表記する限りこれは「正しい」表記です。

「つくろえば」はそれとまつたく事情がちがふ。

しつこく言ふことになりますが、ここに出た「つくろえ」は一応動詞の已然形（の音写）であるわけですが、そもそも已然形なるものは口語には存在しないのです。文語専門のものです。

そして「現代仮名遣い」は現代口語専用のものです。それなら「日本語に存在しない」といふのは、私の判断だの思想だのといふものではなく、単純な事実に過ぎないでせう。

「つくろえば」の類は日本語として化け物であり幽霊です。よく言つても音符です。日本語ではありません。

●きれいな変化

ここでハ行四段の動詞「ひろふ」の活用を見てみませう（三一九ページ活用表）。

活用語尾が「は・ひ・ふ・ふ・へ・へ」となつてゐます。

五十音のハ行は、

はーひーふーへーほ

である。そのうち活用語尾は「はひふへ」の四字にまたがつてゐる。したがつてこれを四段活用といふ。これがもつともふつうの文語の動詞活用の形です。

この活用語尾をちよつとローマ字で書いてみませうか。

ha　hi　hu　hu　he　he

となります。

hがみごとに並びますね。きれいなものです。

	未然	連用	終止	連体	仮定	命令
拾う	拾わ 拾お	拾い	拾う	拾う	拾え	拾え

こころみに現代口語新かなの「ひろう」は、「ひろおう」なども立てますから右のやうになります（歴史的かなづかひでは「拾はう」）。活用語尾は「わお・い・う・う・え・え」となる。これをローマ字で書いてみませう。

wa　i　u　u　e　e
o

なにやらきたないとは思ひませんか。

言葉といふものは、自然な発展の姿では当然に美しいものですが、なにか人為的に特定の基準を立てて手を加へると、不自然な形になるものです。この活用表などはその典型でせう。

外国人に日本語を教へることを、私は組織的にやつた経験はありませんが、やつてゐる人にきくと、外国人に動詞活用を教へるときは旧かなにかぎる、なんて言ひます。なにしろちよつとローマ字で書けばいま見たやうな姿ですからね。

こんな整然としたものはない。複雑なところが全然ありません。これは外国人もよろこぶでせう。実にみごとに早くおぼえてくれるさうです。

新かなの現代語は、われわれ現代日本人にとつてはなにやら簡単なものといつたイメージがあるかもしれませんが、これを見るとさうでもないことが一目瞭然です。

動詞の活用でこれも特に記憶してもらひたいのは、活用語尾はかならず五十音図の一行の中に納まる、といふ事実です。

いま「五十音図」と言つたのは「だぢづでど」などの濁音もふくめて言つたのですが、要するに字母表の一行の中に納まる、といふこと、このことが大切で、これが歴史的かなづかひの「美しさ」といはれるものの大きな部分を占めます。

言葉の「美しさ」といふのは先にも言つたやうに濫用してはならない概念で、合理的機能的なものが結果的に美しく見える、つまりは高速度の飛行機の形状が美しく見えるといつたやうなものです。ピカソやシャガールの絵とどつちが美しいかなどといふのは不毛な話です。私たちが歴史的かなづかひをもし美しいと感ずるとすれば、それは高速航空機の美しさにほかなりません。活用語尾の配列の一種の美しさなどは、まさにそれでせう。

「活用」つてなに

ところで私はさつきから活用だの活用語尾だの、また何段活用だのナニ形だのといふことを言つてゐますが、このことをすこし整理しておきます。

活用とは、動詞や形容詞・助動詞などの、意味・用法に応じた語形の変化のことをいひます。さきほど挙げた「拾ふ」でいふと、いちばん上の「拾は」の形は**未然形**といひます。「未然」といふ言葉の意味は、「未《いま》だ然《しか》らず」（未然）

といふことで、まださうなつてゐない、といふこと。たとへば「拾はず」といへば未だ拾つてゐない。つまり未然です。「拾はむ」「拾はう」といへばこれから拾ふつもりだといふことですからやはり未だ拾つてゐません。

二段目の**連用形**といふのは「用言に連なる」、そこで連用となります。用言といふのは動詞・形容詞・助動詞など、語形が変化する、つまり活用する語をいひます。

「拾ひ集める」といへば「拾ひ」は「集める」といふ用言に連なつてゐる。だから「拾ひ」を連用形といふわけです。「拾ひにくし」「拾ひけり」などです。

終止形は言ひ切つて終るから終止形といふだけのこと。**連体形**は「体言に連なる」といふことです。体言とは名詞のことです。

体言が名詞のことなら「連名形」でもよささうなものですが、名詞といふ言葉が使はれるはるかに以前から「体言」「体の詞」といふ言ひかたがあつたので「連体形」といふやうになつたものです。

已然形は先に言つたやうに既に動作が已《をは》つたことを示す形で、「拾へども」

は「拾つたけれど」すなはち「已《すで》に然《しか》り」といふわけです。**命令形**は命令の形。

この活用表で、

ひろは　ひろひ　ひろふ　ひろふ　ひろへ　ひろへ

の部分が動詞でこれが単語です。これを見ると、どの形でもまつたく変化してゐない部分がある。「ひろ」です。これは動かない。動かないから木でいへば幹である。そこでこれを語幹といひます。

一方、この「ひろ」の後ろにはひらひらと枝葉のやうに振れ動く部分がある。すなはち、

は　ひ　ふ　ふ　へ　へ

です。

これを、活用変化するときにゆれ動く語尾だといふので**活用語尾**といつてゐます。

この活用語尾がどのやうな形式を持つてゐるかによつて**活用の種類**を分けます。

「ひろふ」の場合は「はひふふへへ」、つまり五十音ハ行のうち「はひふへ」の四段にわたつてゐるのでこれを「四段活用」といふ。このことは先にも述べました。

この五十音図の一行の中に活用語尾はかならず納まります。ほかの例も見ませう。

活用の種類には、**四段**、**上一段**、**上二段**、**下一段**、**下二段**、そのほか**ラ行変格**、**ナ行変格**、**カ行変格**、**サ行変格**と、この九種類があります（三一九ページ活用表）。

上一段の動詞には「着る」「見る」「射る」「居る」などがあつて、いま「居る」の変化を見ると、

ゐ　ゐ　ゐる　ゐる　ゐれ　ゐよ

となつてゐます。これはワ行、

わ　ゐ　う　ゑ　を

のうち「ゐ」の一段だけを使つてゐる。そして「ゐ」はまんなかより上の方に

ある。そこで「上一段活用」といふ、といふまことに単純な話です。

これは語形が短いので、語幹と活用語尾を分けることができませんので、語幹でありまた語尾であるといふ便宜的な扱ひをします。表で語幹に括弧をつけたのはその意味です。

上二段、たとへば「恥づ」。

ぢ　ぢ　づ　づる　づれ　ぢよ

これはダ行、

だ　ぢ　づ　で　ど

の上の方二段を使ふ。よつて「上二段」です。

この種類の語はたくさんあつて、「起く」「落つ」「閉づ」「強ふ」「恋ふ」「恨む」「老ゆ」「悔ゆ」などです。これらは現代語では上一段に変化しました。

起きナイ　起きマス　起きる　起きるトキ　起きれバ　起きろ

といふわけですが、中には「恨む」のやうに四段になつたものもあります。

また「恋ふ」などは、「恋ひ」といふ連用形が体言としての独立性が強くなつてしまつて、「恋ひない」「恋ひます」とは言はなくなりました。恋しナイ・恋しテ・恋する、といふ形になつて、感じナイ・感じテ・感ずるなどと同様サ行変格活用になつたわけです。

下一段、たとへば「蹴る」。たとへばと言ひましたがこの形式の単語は「蹴る」一語だけです。

け　け　ける　ける　けれ　けよ

と「け」だけが使はれる。だから下一段。いろいろ学説はありますが「蹴る」ひとつだけが下一段だとおぼえておきませう。口語ではラ行四段になつてゐます。

下二段、たとへば「越ゆ」。

え　え　ゆ　ゆる　ゆれ　えよ

これは「やいゆえよ」の「ゆ・え」が使はれる。したがつて「下二段活用」。
この下二段活用でちよつとおぼえておけば便利なのは、
① ア行下二段は「う（得）」「こころう（心得）」の二語だけ。
② ザ行下二段は「混ず」だけ。
③ ワ行下二段は「植う」「据う」「飢う」の三語だけ（「飢《かつ》う」も加へれば四語）。

の三項目です。
こんなひとくち知識はかなづかひをまちがへないためのまことに便利な要領です。
これは口語ではみんな下一段に変化してしまつてゐます。たとへば、
越えナイ　越えマス　越える　越えるトキ　越えれバ　越えろ
となつてゐます。

ラ行変格活用は、ちよつと変つてゐるので「変格」とされるひとつです。

ら　り　り　る　れ　れ

終止形語尾が「り」でイ段であるところが変つてゐます。四段と似てゐるようですが、四段のたとへば「刈る」は、

ら　り　る　る　れ　れ

ですからちがふわけです。ラ変は「あり（有り）」「をり（居り）」「はべり（侍り）」「いまそがり（在そがり）」の四つしかありません。

ナ行変格活用。

な　に　ぬ　ぬる　ぬれ　ね

となる。この種類は「死ぬ」と「いぬ（往ぬ）」のふたつだけです。

いまこの語は四段になつてゐますが、まだ方言の中には「いま死ぬるのはいやだ」とか言つて連体形「死ぬる」が生きてゐる地方もあります。また「おれはもう死ぬる」などと、文語の連体形を終止の形で使ふところもあります。

なほ「死」といふ漢字はシと読みますが、これは「死ぬ」のシとは関係があ

りません。偶然です。漢語「死」を使って「死す」といふサ行変格活用でもよく使はれます。

カ行変格活用。これは「く（来）」ひとつです。

こ　き　く　くる　くれ　こよ

この語は口語でも変つた形でやはりカ変です。

サ行変格活用。これは「す（為）」と「おはす（坐す・在す）」のふたつだけ。

せ　し　す　する　すれ　せよ

このふたつだけですが、ナニナニす、といふ形でいろんなものが上にきますからかへつて無数にあることになります。「心す」「論ず」「欲《ほ》りす」「重んず」「専《もつぱ》らにす」「先んず」などです。なほ「おはす」は少々複雑で、四段にも下二段にも活用することがあります。

ところで雑談ながら、「来る」とか「する」とかいふ最も使用頻度の高いと思はれる動詞の活用が、非常に不規則であるといふのはおもしろい現象ですね。私たちが中学に入るとすぐ習ふ英語でも、「来る・する」の意味の語の変化はまことにふしぎな形をしてゐます。最も日常的な言葉には、古来あまり規範的な意識が働かなかつたためではないでせうか。おそらく世界共通の現象だらうと思ひます。比較的に新しく導入した動詞はかならず規則動詞です。

動詞のかなづかひはわかった

さて動詞の活用の種類は右に挙げたものですが、なにも国文法の講義をしようといふのではなく、私が示したかつたのは、どれも活用語尾が実にきれいに並んでゐて、五十音の一行の中に納まるといふ点です。

「拾ふ」の例では	「は	ひ	ふ	ふ	へ	へ」	はひふへほ
「ゐる」の例では	「ゐ	ゐ	ゐる	ゐる	ゐれ	ゐよ」	わゐうゑを
「恥づ」の例では	「ぢ	ぢ	づ	づる	づれ	ぢよ」	だぢづでど
「蹴る」の例では	「け	け	ける	ける	けれ	けよ」	かきくけこ

「越ゆ」の例では「え　え　ゆ　ゆる　ゆれ　えよ」　やいゆえよ
「有り」の例では「ら　り　り　る　れ　れ」　らりるれろ
「死ぬ」の例では「な　に　ぬ　ぬる　ぬれ　ね」　なにぬねの
「く」の例では「こ　き　く　くる　くれ　こよ」　かきくけこ
「す」の例では「せ　し　す　する　すれ　せよ」　さしすせそ
となるのです。

これは旧かなを使はうといふときには実にありがたくわかりやすいことで、新かなではかうはいかないことは前にすこし見ました。

このことを思ひ出せば、私たちは旧かなですこし迷っても、たいていは正しいかなづかひの見当がつきます。

たとへば、「若草が萌エる」と書かうとして「もエる」のかなづかひに迷ったとする。エと発音する仮名は、

え
へ

ゑ

の三つがありますがどれを使へばいいか。

もちろん辞書を引けば書いてありますが、手元にない。ところがあなたはたとへば「紅萌《くれなゐも》ゆる岡の花　早緑《さみどり》匂ふ岸の色」といふ『三高逍遙《さんかうせうえう》の歌《うた》』を思ひ出したとしませう。

「もゆる」です。「ゆ」が出てきて終止形は「もゆ」。すなはち活用語尾はヤ行である。それなら「エ」の部分はヤ行の「え」である、とわかるわけです。

五十音さへ知つてゐればいい。

「最近肥エちやつてさア」とせりふを書きたいとき、「肥エ」のかなづかひで迷ふ。そこで「天高く馬肥ゆる秋」といふ言葉を思ひ出す。連体「肥ゆる」、それならこれもヤ行だ。すなはち「最近肥えちやつてさア」となる、といふしかけです。

ズの発音になるものには「ず」「づ」がある。「米と麦とを混ズれども」なんて文句を書きたいとする。べつに書きたくはありませんか。イヤ、まあ書きたいとしませう。さて「混ズれ」はどう書くか。

打ち消してみると「混ぜず」となりますね。未然形の活用語尾は「ぜ」です。

ざ　じ　ず　ぜ　ぞ

つまり「混ズれども」は「混ずれども」となる。

まことに便利です。

王維の七言絶句「元二の安西に使ひするを送る」の一句「西のかた陽関を出ズれば故人無からん」をなにか文章に引用したい。手元に参考書がないといふとき、たまたま伊勢物語の、

出でてこしあとだにいまだ変らじをただ通ひ路と今はなるらん

を思ひ出したとしませう。さういつもうまくはいかないかもしれませんが、そのときは思ひ出した。とすれば「出でて」と連用形が「出で」となつてゐる。

つまりは、

だ　ぢ　づ　で　ど

の「で」である。それなら「出ズれば」は「出づれば」である、とめでたく解決です。なにも伊勢物語などを思ひ出すまでもない。「出で立ち」といふ単語に思ひ当たつただけで「出づれば」が出てくるわけです。

つい旧かなの書きかたの話になりましたが、ここで私が言ひたかつたのは旧かなのいはば構造的な一貫性ともいふべきものです。これはあへて美しさと言つてもいい。

もしこれを新かなで活用を見ればどうなるか。もちろん何度も言ふやうに文語新かなといふものはこの世に存在しないものですが、その幽霊を実際に使ふ人もある。

そこで無理に書いてみると、

出で　出で　出ず　出ずる　出ずれ　出でよ

となります。つまり「だぢづでど」と「ざじずぜぞ」との二行にまたがります。すつきりしませんね。しかも先に言つたやうに「出ず」では常識的にだれもが「でず」と読むでせう。つまり「出ない」ことになる。

こんなことをやつてゐて一人前に短歌だの俳句だのとさわぐのは、みつともないといふものです。

ところで、旧かなのかうしたわかりやすさがすぐ納得できるためには、そもそも五十音を知らなくてはなりません。

そんなものは知つてらア、バカにするなと言ふ人が多いことは知つてゐますが、私はおとなを相手に何度もテストをしたことがあります。まあほとんど知りませんね。失礼ながらあなたもあやしい。ちよつと書いてみてください。

●五十音図を書く

仮にすこし迷つたとして、だからといつてお子さんやお孫さんの国語の教科書などを見ても書いてありませんよ。教科書で知ることはできません。では国語辞典を見ますか。ところがそこにもほとんど書いてありません。

私は何種類かの国語辞典で五十音がどうなつてゐるか調べてみたことがあります。ところが書いてないものがずいぶんある。

『新明解国語辞典』（三省堂）は有名な辞典です。学校の先生方も勧めますから持つてゐる人は多いと思ひますが、「五十音図」は出てゐない。『例解新国語辞典』（三省堂）にも出てゐません。明らかに五十音方式で排列した辞書なのに、その五十音がどういふ形のものなのかがわからないといふ、実にふしぎな辞書です。

最近よく売れてゐるといふ『明鏡国語辞典』（大修館）にも出てゐない。

たいていの辞書は表紙の見返しあたりに「五十音索引」として図が出てゐるものだし、本文見出し「ごじゅうおん」を引けばそこに出てゐるものですが、どちらにもないのです。巻末付録にあるかと思ふとそこにもない。それではとばかりに見出しで「ア行」「カ行」などを引くと、そもそもそんな語が出てゐない。お手上げです。

最後の手段は千ページとか二千ページとかの辞典を一ページづつめくつてみることです。ところがそれでもだめです。たとへば『明鏡国語辞典』の場合、「ん」を入れても四十六字しかないのです。「五十音」にならない。巻頭の凡例をみてもわからない。「怪文書」と言っていいのではありませんか。

『広辞苑』（岩波書店）、『角川国語大辞典』などは表紙見返しに完全な五十音が「五十音索引」として出てゐます。ところが本文が変です。

たとへば「ワ行」を引くと、『広辞苑』にはかうある。

　五十音図の第一〇行。ワ・イ（ヰ）・ウ・エ（ヱ）・ヲ。

『角川国語大辞典』にはかうある。

　五十音図の第十番目の行。「ワ・イ（ヰ）・ウ・エ（ヱ）・ヲ」の称。

つまり、ワ行の正式の形は「ワ・イ・ウ・エ・ヲ」だがイ・エはときにヰ・ヱで代用する、と言つてゐるやうに見える説明です。

もちろん正しくは「わゐうゑを」「ワヰウヱヲ」です。

『大辞林』（三省堂）や『大辞泉』『言泉』（小学館）などは、表紙見返しにはまともな五十音図はのせてゐませんが、本文では「わ・ゐ・う・ゑ・を」だと述べてゐる。せめてもの見識でせうが、まあたいへんなものです。

私は手持ちの十八種類の国語辞典を見てみましたが、よしとしていいものは

五十音図

あいうえお
かきくけこ
さしすせそ
たちつてと
なにぬねの
はひふへほ
まみむめも
やいゆえよ
らりるれろ
わゐうゑを
（ん）

七種類しかありませんでした。

みなさんはここで、しっかり目に焼きつけてください。特に注意しなくてはならないのはヤ行とワ行です。がぎぐげごほかの濁音については、ただ濁点をつけるだけです。なほ、きゃきゅきょの類、拗音《えうおん》といふのは、日本語の音韻要素としては存在しますが、国語歴史的かなづかひにおいて使ふことはありません。「美しゅうなったね」は「美しうなつたね」、「殺いてくりょう」などの中世風の表現も「殺いてくれう」となります。

もちろん、音そのものを写さうとする音写の場合は使ひますよ。

国語かなづかひの体系性・合理性をうかがはせるひとつの例として動詞活用の件を挙げました。

コラム
〔係り結び〕

文中に強調・強意の助詞「ぞ」「なむ」「こそ」や、疑問・反語の助詞「や」「か」があるとき、それに応ずる用言の結びが一定の法則で変化することを係り結びといひます。「ぞ・なむ・や・か」は連体形で結び、「こそ」は已然形で結ぶのが定則です。

小野小町の歌に、

色見えでうつろふものは世の中の人の心の花にぞありける（古今集）

とありますが、「人の心の花にありけり」となるはずのところを、「人の心の花」を強調して「ぞ」を使ったので結びを「ける」（「けり」の連体形）としたものです。だから「ぞ・なむ・や・か」がないのに連体形で結んであれば、これは破格だといふことになります。ふつうはつぎのやうになります。

墨の袂何故とはなくしてしぼるばかりになむ侍る　（奥の細道）

咲きそめし時よりのちはうちはへて世は春なれや色のつねなる　（紀貫之・古今集）

花散らす風のやどりは誰か知る我にをしへよ行きて怨みむ　（素性法師・古今集）

といふ具合。また「こそ」は已然形で結ぶので、たとへば、

折ふしの移りかはるこそものごとにあはれなれ　（徒然草）

となります。

「や・か」が疑問や反語ではなく詠嘆の助詞として使はれてゐる場合は係り結びの法則には従ひません。俳句の切れ字としてよく現れます。

菜の花や鯨もよらず海暮れぬ　（蕪村）

これがまあつひの栖《すみか》か雪五尺　（一茶）

などがさうです。「暮れぬ」の「ぬ」は終止形です。

なほ、係り結びの法則は現代語にもすこし残つてゐて、「彼は年こそ若けれ実力は十分」などといふ。「こそ――已然形」の係り結びです。

【問・字音かなづかひ】

字音かなづかひの問題もすこしやつてみませう。漢語は漢字で表記するのが大原則ですから、字音かなづかひはあまり意識する必要はありません。ただ、すつかり日本語になじんでゐて、かなで書いてもそれほど不自然ではないといふ語もありますから、なるべくそれらの中からすこし問題を出します。表音式カタカナ表記の部分が問題です（漢語ではないものも含まれてゐます）。

①　挨拶《アイサツ》　*相棒《あひボー》　一応《イチオー》　一向《イッコー》　迂闊《ウカツ》

②　鬱陶《ウットー》し　会釈《エシャク》　横着《オーチャク》　鸚鵡《オーム》　億劫《オックー》

③　恰好《カッコー》　兄弟《キョーダイ》　愚図《グズ》　結構《ケッコー》　耿々《コーコー》　権兵衛《ゴンベー》

④　十分《ジューブン》　冗談《ジョーダン》　相伴《ショーバン》　菖蒲《ショーブ》　雑巾《ゾーキン》　掃除《ソージ》　素麺《ソーメン》　草履《ゾーリ》

⑤　大層《タイソー》　蝶《チョー》　唐変木《トーヘンボク》　到底《トーテー》　到頭《トートー》

⑥　葡萄《ブドー》　方《ホー》　本当《ホントー》

⑦　茗荷《ミョーガ》　耄碌《モーロク》　模様《モヨー》

⑧　悠々《ユーユー》　羊羹《ヨーカン》　楊枝《ヨージ》　様子《ヨース》

⑨　蠟燭《ローソク》　朗々《ローロー》

*〔注〕相棒の「あひ」は訓

【解答】は二四八ページにあります。

第五章

盛大なる「改竄」日本

●—「君が代」は古歌でない

何度も言ふやうに、昭和二十一年の内閣告示の「現代かなづかい」及び昭和六十一年の告示「現代仮名遣い」は、文語・古語に適用するものではないことを言つてゐますから、文語で新かなを使ふのはそれ自体が一種の改竄《かいざん》です。まして古典の表記を新かなに書き換へるなどといふことは、文字どほりの改竄であり破壊であり、戦後の国語政策からもはづれたものですから、どの点からみても許せないはずのものです。

ところが世間では結構やつてゐますね。世間も世間、教育の場、出版の場、報道の場、国政の場、商業の場、どこでも盛大にやつてゐます。

たとへば平成十一年、すつたもんだの末、国歌が法律で定められました。「国旗及び国歌に関する法律」です。それによるとわが国の国歌はつぎのやうになつてゐます。

君が代は
千代に八千代に
さざれ石の
いわおとなりて
こけのむすまで

法律にはこの歌詞を「古歌」としてありますが、こんな古歌は存在しません。

これは古今集の歌が基になつてゐるといはれますが、もちろん古今集にこんな歌はありません。古今集だけではない、どんな古典にも出てゐません。

古今集の歌はかなで書くとかういふものです。


わがきみはちよにやちよにさざれいしのいはほとなりてこけのむすまで

こんにち伝はる古今集の歌はこれですが、実は鎌倉時代初期から「君が代は」ではじまる伝本もあつたやうです。それをかなで書くと、きみがよはちよにやちよにさざれいしのいはほとなりてこけのむすまでの形です。そして江戸時代以降はこの形で安定し、それが実質的に国歌となつてゐました。ついこのあひだまでは。

ところがこれは現在の国歌とはちがひますね。国歌は「いわおとなりて」となつてゐます。

「巌」のかなは「いはほ」です。それを新かなに改竄して国歌と定めたわけです。だから意味不明となつて、若い人たちはたいてい「岩音鳴りて」と理解してゐます。もつとも岩音なら正しくは「いはおと」ですが。

まさに改竄ものを国が法律で国歌と定めたといふ世界でもめづらしい事態となつてゐます。

『山月記』は『山月記』でない

教育の場では、私たちは高校でたとへば中島敦の『山月記』などを習ひました。しかしあれは『山月記』ではない。『山月記』の改竄・変造品です。国語の教科書からその一節を引くとこんな具合です。

　草むらの中からは、しばらく返事がなかった。忍び泣きかと思われるかすかな声が時々漏れるばかりである。

しかし原文はまったくちがひます。

　叢の中からは、暫く返辞が無かつた。しのび泣きかと思はれる微かな声が時々洩れるばかりである。

漢字字体はいま問題にしないことにして、取り替えられた文字に傍線をつけてみましたが、字数にして十字です。四十五字のうち十字ですから大変なものです。ほとんど『山月記』だとは言へないでせう。

芥川龍之介の『羅生門』も習ひました。傍線をつけたところは原文とちがひます。ひとつ、見当をつけて復元してみませんか。

ある日の暮れ方のことである。一人の下人が、羅生門の下で雨やみを待っていた。
広い門の下には、この男のほかにだれもいない。ただ、所々丹塗《にぬ》りのはげた、大きな円柱に、きりぎりすが一匹とまっている。

本物はかうです。

或日の暮方の事である。一人の下人が、羅生門の下で雨やみを待つてゐた。
広い門の下には、この男の外に誰もゐない。唯、所々丹塗の剥げた、大きな円柱に、蟋蟀が一匹とまつてゐる。

これはもちろん古語とか文語とかいふものではありませんが、なにしろこの世に新かなといふものが存在しなかつたときに書かれた文学作品ですから、このやうに何十パーセントもの文字を変へてしまふのはよくないと私は思ひます。

教育界、文部科学省のぜんぶを敵にした言ひ方ですが、私はただ、生徒諸君にはあまり「にせもの」は与へない方がよろしからう、と言ってゐるだけです。だいたい文学者といふのは、俳人歌人にかぎらず文字遣ひ文字配りには非常に気を遣ふもので、それであればこそ文学者です。文学者は何人も『文章読本』を書いてゐますが、みな文字遣ひについての苦心を語ってゐるのはごぞんじのとほりです。改竄は文学者のその苦心を無視し、いっさい顧慮しないといふことにほかなりません。

その苦心といふことでいへば、谷崎潤一郎の『盲目物語』についてすこし見てみませう。

悲惨な『盲目物語』

谷崎潤一郎『盲目物語』はあとで旧かな練習の部分でも挙げるつもりですが、この小説はつぎのやうな書き出しです（漢字は新字体に変へて示しました。これもももちろんよくないのですが）。

わたくし生国《しやうこく》は近江のくに長浜在でござりまして、たんじやう《誕生》は天文にじふ一ねん、みづのえねのとしでござりますから、当年は幾つになりまするやら、左様、左様、六十五さい、いえ、六さい、に相成りませうか。

振りがな振り漢字もふくめてこれが原文ですが、現在の新潮文庫ではつぎのやうに印刷されてゐる。

わたくし生国《しょうごく》は近江のくに長浜在でござりまして、たんじょう《誕生》は天文にじゅう一ねん、みずのえねのとしでござりますから、当年は幾つになりまするやら、左様、左様、六十五さい、いえ、六さいに相成りましょうか。

谷崎生前にはこんな変造品が出版されることはありませんでしたが、いまはたいていかうなつてゐます。地下の谷崎ももし「たんじょうは天文にじゅう一ねん」だの「みずのえね」だの「相成りましょうか」だのを見たら卒倒する思ひでせう。

この『盲目物語』は作者がわけても文字遣ひに非常な苦心をした作品で、『文章読本』ではつぎのやうに述べてゐます。

嘗て私は『盲目物語』と云ふ小説を書きました時、なるべく漢字を使はないやうにしまして、大部分を平仮名で綴つたのでありますが、これは戦国時代の盲目の按摩が年老いてから自分の過去を物語る体裁になつてをりますので、上に述べましたやうな視覚的効果を狙ひましたのと、尚もう一つは、全体の文章のテムポを緩くする目的、即ち音楽的効果をも考へたのでありました。つまり、老人がおぼろげな記憶を辿りながら、皺嗄れた、聞き取りにくい声で、ぽつりと語るのでありますから、そのたどしい語調を読者に伝へますために、仮名を多くして、いくらか読みづらいやうにしたのでありました。

この苦心がどんなに惨憺たるものであつたかは、『私の貧乏物語』で述べてゐるのを見ればわかります。

未だに苦しかつたことを覚えてゐるのは、「盲目物語」を書いた時であつた。あの時は高野山に立て籠つて訪客を避け、一意専心仕事に没頭したにも拘らず、あの二百枚の物語を脱稿するのに、最後まで日に二枚と云ふ能率を越すことが出来なかつた。だからあの作品は、準備の時間は別として、百日以上、多分完全に四箇月を要してゐるのである。さうしてこれは、昼夜兼行、時には夜中の二時三時まで机に向つてゐての成績で、……

さてこのやうにして成つた作品を、文字を一挙に何パーセント何十パーセントと取り替へてしまつて、どうやらそれをよしとしてゐるらしい読者及び出版界といふものが、どうも私には解《げ》せません。侮辱・蹂躙《じゅうりん》といふものではないんでせうか。

しかも右『盲目物語』の冒頭引用部の場合、作者はみづから振りがなないし振り漢字をほどこして、「生国」には「しやうこく」と仮名を振つてゐます。

谷崎は自分の作品『お艶殺し』もけつして「お艶ゴロシ」とは言はず、「お艶コロシ」と清《す》んで読んださうです。町名本石町もホンコクチョウと言つた。おそらく江戸風の呼びかたなのでせう。そこでショウゴクとは読まれないやうにわざわざ振りがなして「しやうこく」とした。それが変造版ではあつさり「しょうごく」です。無残なものです。

谷崎は「天文にじふ一ねん」と書いた。これが改訂版では「天文にじゅう一ねん」です。もしこのやうに改変される恐れを感じたなら、谷崎はけつして「にじふ一ねん」とは書かなかつたでせう。二十一年、廿一ねん、などとしたはずです。

ああ云うとうといお女中がた
おそばちこう仕えますこと
うとうたことがござりますので
おうみの湖
……………

かうした字面になるものなら、谷崎はけつして仮名では書かなかつたでせう。谷崎は、

ああ云ふたふといお女中がた　（尊い）
おそばちかう仕へますこと　（近う）（仕へ）
うたうたことがござりますので　（歌うた）
あふみの湖　（近江）

と書いたのですが。

●『吉野葛』はだれが書いたか

この改変版は『吉野葛』と『盲目物語』が収められてゐるのですが、『吉野葛』の方も、新かなにしたといふ理由によつて実に困つたものになつてゐます。『吉野葛』といふのは、小説の中に、吉野の田舎の旧家に伝はる古文書が引用されてゐるのですが、その文書が実は古い「原文」の「写し」で、誤字・誤文が多くて

おぼつかないものだ、と作者がことわつてゐるのです。しかも改訂版では新かなに統一されてもをらず、新旧マゼコゼになつてゐる。

たとへば「被遊御出御申付候」といふところには振りがながあつて、「おいであそばされおんまうしつけさうらふ」とある。つまり旧かなです。ところが別の箇所「杢左衛門」には「もくざゑもん」と仮名が振つてある。つまり新かなです。旧かなでは「もくざえもん」となります。これは字音だからかもしれませんが、実はさうではありません。「壬」の訓は「みづのえ」ですがそれが新かなで「みずのえ」とある。また「仰せ」には「おおせ」と新かなで振りがながある。旧かなでは「おほせ」です。

要するにメチャクチャです。

ところがそれが作者の言ふ「誤字誤文が夥《おびただ》しく、振り仮名等にも覚束ないところが多々あつて、到底正式の教養ある者の筆に成つたとは信ぜられない」ものだからなのか、編集部のまちがひなのかがわからなくて、つまり谷崎がいつたいどう書いたのかがわからなくて読者は混乱する、といふ次第です。

ところが谷崎の原文を見たら、なんのことはない、振りがななどここには一字もありませんでした。つまり、文庫編集部のミスなのでした。それにしても「わがいへ」「まうしつけさうらふ」と正しく振りがなしておきながら、「みずのえ」「おおせ」とやるとは信じられない話です。

そのほかこの本は、万葉集の和歌は正しく歴史的かなづかひで引用されてゐるのに、戦国時代の閑吟集の歌や隆達《りゅうたつ》小唄がいきなり新かなで現れます。かなり困つた出版物になつてゐるのですが、それもこれも、古典的作品をいたづらに新かな表記に変へようとした無理のためです。

大結論「新かなは不便である」

あれこれ言つてしまひましたが、私たちは要するに歴史的かなづかひが正しく読み書きできればいい。私がしつこくいろいろ言つたのは、やはり文学、ことに和歌・俳句のたぐひは文語・旧かなでないとうまくいかないことを納得してもらひたかつたからです。

くりかへして言へばこんなところです。

◎文語は、文末ほか表現に変化があつて多彩な表現ができる。
◎文語は微細な意味のちがひを的確に表現できる。
◎文語は複雑なことがらも短く表現できる。
◎文語文はわかりやすい。
◎文語・新かなでは意味不明となる。
◎文語・新かなでは意味が逆になることがある。
◎文語・新かなでは冗長となる。
◎文語・新かなは内閣告示に反する。

ぜんぶまとめてひとくちで言へば、最初に言つたやうに、
新かなは不便である。
といふことです。

新かなの歴史的背景、思想的基盤、さういつたものにもいろいろと問題はあります。語ればいいかもしれませんが、それでは「思想的対立」といふことになりかねずきりがありません。あまり言ひますまい。要するに新かなは、なにはともあれ「不便」である。使ひ勝手がよくない、といふ一点に帰します。言ひ換へれば、旧かな、歴史的かなづかひを使ふのは「得」である。

私は功利的な話をしてゐます。まうけ話をしてゐる。理屈はあとでなんとでもつきます。とにかく得をしよう。この話に乗らないか、といふのが私の言ひたいところです。

それでも習得がきはめて困難なものなら、なにを言つてもしかたがないでせう。ところがそれがべつに、むづかしいものではない。実際、ここまで読んだみなさんは、もう大体できたのではありませんか。

もつとも、まつたく容易といふものでもありません。私たちはむかし中学に入つたとき英語を習つて、ブックがどうして bukku でなく book なのだ、これではボークではないか、なんて思ひましたね。しかしなんとか努力しておぼえました。その程度のことはやはり「努力」しなければならないでせうか。

ちなみに、英語の綴りといふやつは不規則の極みで、世界の言語の中でも最大級に奔放にして乱雑なものださうです。たとへば英語で〔イ〕といふ発音になる綴り字は十三種類もある。i, ee, a, e, u, ea, ei, ui, o, ey, eo, y, ie, の十三種です。どんな単語があるか英語の得意な人は探してみてください。

さてそれに反して日本語では、〔イ〕の発音になる綴り字は〔い、ゐ、ひ〕の三つだけです。しかもこれで最もめんだうなもののひとつなのです。まことにもつて幸運といふべきでせう。

旧かな虎の巻『盲目物語』

谷崎潤一郎『盲目物語』は、さきに見たやうに仮名を意識的に多く使つた現代文で、しかもあの織田信長の妹、お市御料人の足腰の揉み療治をしたといふ按摩の、ひとり語りの体裁の小説ですからやや古い感じの言葉がたくさん出てくる。

旧かなの練習にはまことに都合よくできてゐます。その最初の半ページばかりを、いまの新潮文庫版から取り出して、旧かなの要領をさぐつてみませう。原作では三十九行にわたつてまつたく改行がなくびつしりと書かれてゐますが、現文庫版では十一行で改行になつてゐる。その部分を六つに区切つて見ることにします。

一

わたくし生国《しょうごく》は近江のくに長浜在でござりまして、たんじょう《誕生》は天文にじゅう一ねん、みずのえねのとしでござりますから、当年はいくつになりまするやら。左様、左様、六十五さい、いえ、六さい、に相成りましょうか。

①「**わたくし**」。ワと発音する文字には「わ・は」がありますが、語頭でワと発音する文字はぜんぶ「わ」です。わ｜れ、わ｜ざ（業）、わ｜し（鷲）など。

語中や語末のワ音はたいてい「は」となるのであまり心配は要りません。ときどきは語中語末でも「わ」となるものがありますが、これは例外ですからあとでまとめておぼえることにしませう。

さきに見た「ことわり―（理）」などは語中で「わ」となつてゐますが、これは「事・割り」ですから結局は語頭の「わ」です。「くつわ―（轡）」なども「口・輪」でせうからやはり本来は語頭です。

②「生国」は原作では筆者による振りがながあつて「しやうこく」とあります。「生」はショーといふ発音ですが、字音かなづかひで「しやう」です。ただ、漢字の字音かなづかひといふことになると、たとへばショーひとつでも、

セウ（小・少・昭など）

シヤウ（正・省・翔など）

シヨウ（昇・証・松など）

セフ（妾・捷など）

などがあつて、これが無数ですから、現実に私たちがおぼえこむことは不可能と言つていいでせう。また学者の間にもいろいろむづかしい議論もあるやうです。それに、この生国にしても「しやうぐわつ（正月）」にしても、これら漢語はふつう漢字で書きますから、あまり気にしないですむわけです。

ただ、漢語でもあまりに日本語化してふだん漢語だと意識しないやうな語もたくさんあり、仮名にしたいこともあります。いま使つた「ふつう（普通）」だとか「めんだう（面倒）」「たうとう（到頭）」などです。その場合はその都度調べればいいだけです。

中にはまつたく日本語化して、考へても漢語とは思へないやうなものもあつて、さういふものはたいてい頻繁に使ひます。

そのやう（様）だ

利口さう（相）だ

これだけはおぼえておきます。

ところで「そのやうだ」のときは「やう」ですが、「さあ、飯にしよう」などの「よう」は複雑な変化の結果現れたものですがやまと言葉の助動詞「よう」ですから、くれぐれも「飯にしやう」とは書かないこと。

これはふだん旧かなを使ひ慣れた人でもよくやるまちがひで、私なども原稿に「さうすることにしよう」と書くと、出版社の方で「さうすることにしやう」と書き換へてしまふことがしばしばあります。これは実に迷惑な親切です。

といふのは、これはまちがひやすいものであるだけに、私自身が「しやう」と書いたやうに読者に思はれがちだからです。これは自分のせゐではないけれども恥づかしいものですよ。もつとも、私が出版社の人に、あいつならまちがはないだらうと思はれてゐない証拠とも言へますから、やはり私のせゐですか。

それはくやしい——。

ところでまた「さう」の件。「利口さうだ」の「さう」は漢字語で「相」ですが、「さうしよう」の「さう」は「然《さ》」の延音ですから、これは純粋のやまと言葉といふことになります。ここあたり、少々複雑ですね。

③「**近江**」は地名ですが、都に近いところにある淡水の海、つまり「近つあはうみ（淡海）」の約《つづ》まつたものです。ローマ字ならahaumiです。「あふみ」となります。言語学的にはむづかしい議論もありませうが、ここにある〝h〟音の痕跡と簡単に考へておきませう。

静岡県西部「とほたふみ（遠江）」は「遠つあはうみ」の約です。

ついでですが「とほい（遠い）」でオのやうに聞える部分は旧かなで「ほ」なので新かなでは「お」と書く、といふ不思議な原則があります。

同じくオに聞えても「扇」などは「あふぎ」だから新かなでは「おうぎ」と書く。つまり「とうい」ではなく「とおい」と新かなで書くためには旧かなの知識が必要なのです。このことなどから私は、「新仮名は書けるが旧かなは書けない」と言ふ人に対して、「それはあり得ないことだ。きみは新かなも書けないのだ」などと意地悪なことを言ふことがあります（いや、実際はあまり言ひませんよ。学生には言ひますが）。

④「**ございまして**」は、このやうに丁寧な発音だといふことを示すためにわざわざ「ござり」との表記になつてゐます。当時はこのやうにも話したのでせうが、現在ではたいてい「ございます」となる。

この「い」は「り」の発音を簡便化したものでこれを「音便」といひます。音便は文字通り発音の「便宜」から来たものですから、発音どほり「い」と書きます。イの文字は「い・ひ・ゐ」と三つありますが、それは考へる必要はありません。

イ音便 { 咲きて → 咲いて
注ぎて → 注いで
指して → 指いて（古）

ウ音便 { 問ひて → 問うて
むかひて→ むかうて
買ひて → 買うて

ウ音便
喜びて　↓　喜うで（古）
頼みて　↓　頼うで（古）

撥音便
飛びて　↓　飛んで
読みて　↓　読んで
死にて　↓　死んで

促音便
立ちて　↓　立つて
買ひて　↓　買つて
散りて　↓　散つて
ありて　↓　あつて
行きて　↓　行つて

動詞の音便はこんな形です。

「むかひて↓むかうて」などは要注意です。「むかふ」といふ動詞なのでつい「むかふて」とやりたくなる。これは発音がムコーテだが元の形は「むかひて」だと見当がついたらそれは音便ですから、なにも考へず「う」とすればいい。文筆家でも結構やる人があります。注意しませう。

⑤「**たんじょう**」は「誕生」の字音ですから「たんじやう」となります。

⑥「**にじゅう一ねん**」は「二十一年」の字音です。「に（二）」はいいとして「十」は「じふ」です。もちろんこれは辞典を調べればすぐわかるのですが、調べないでもわかる方法があります。なにか「十」のつく熟語、言ひ方を思ひ出せばいい。たとへば、

十勝五敗（じっしょうごはい）

十手（じって）

五十点満点（ごじってんまんてん）

このジューといふ音の字が「じっ」と詰まつた発音になつてゐる。そのときは「ふ」です。すなはち「じふ」となる。

これはほかの字でも同じです。

キューりう（急《きふ》流）――きっと（急度）
ゴーかく（合《がふ》格）――がっしゅく（合宿）
シューくわい（集《しふ》会）――しっちゅう（集注）
シューぢやく（執《しふ》着）――しっけん（執権）
シューとく（拾《しふ》得）――じっとく（拾得）
ニューがく（入《にふ》学）――にっとう（入唐）
ホーりつ（法《ほふ》律）――はっと（法度）
リューぼく（立《りふ》木）――りっしん（立身）

などです。ゴーカクはどう書くか迷つたときは、合宿を思ひ出す。「がっしゅく」である。そんなら「ふ」である。すなはち「がふかく」だ、となるわけです。「ごふ」ではありませんよ。「がっしゅく」ですから。

かうした原則を「つふ相通」といふことがあります。

⑦**「みずのえね」**は干支《えと》のひとつ、「壬子」を訓読したものです。この小説でこの年は西暦千五百五十二年です。

「みずのえ」は、五行「木火土金水《もくくわどごんすゐ》」の「水《みづ》の兄《え》」といふことですから、当然「みづのえ」となります。ちなみに水の弟《と》は「みづのと（癸）」。十干《じつかん》の十番目です。十干とは「甲乙丙丁戊己庚辛壬癸《かふおつへいていぼきかうしんじんき》」です。

水がミズかミヅかはわからないわけですが、まづたいていはヅです。ズになるものはネズミ、ミミズ、キズ（傷）、カズ（数）、スズメ（雀）などすこし例外があるだけです。これは歌の形でおぼえるやう、山田孝雄、小島好治両先生の指導があります（『假名遣ちかみち』國語問題協議會編――第六章参照）。

鵙《もず》　蚯蚓《みみず》　髻華《うず》　数《かず》　疵《きず》に　葛《くず》　矢《や》筈《はず》　必ず　鼠《ねずみ》　すずになずらふ
（すずは鈴、錫、すずな、雀、涼し、など）

十二支は「子丑寅卯辰巳午未申酉戌亥」ですが、この「亥」に振りがなして「い」とした百科辞典があります。いやいや気取らなくてもいいか、広辞苑などもさうなつてゐますが、それは粗末な話で、ほんたうは「ゐ」です。かういふいはば古典語を新かなで書くこともあるまいと思ふのですが。

⑧「**左様**」は仮名なら「さやう」です。「左」の字はずいぶん古くから使はれる宛字《あてじ》で、意味から言つて「然様《さやう》」でせう。

⑨「**六十五さい**」の「さい」は歳の字音です。発音サイとなる字の字音かなづかひで「さゐ」となるものはありません。スイ、ズイでは「すゐ(水)」「ずゐ(瑞)」などがあります。不安があつたらこれは調べるしかないでせう。

⑩「**いえ**」は、文法では感動詞といはれるもので、呼びかけ、返事、感動などを表す語です。語といふよりは「声」です。

この種のものは発音どほりに写すのが原則です。はい、いいえ、いやあ、へえ、ほほう、おい、うん、ちぇっ、えいっ、しっ、ねえ、よお、などです。ただ謡曲などに現れる呼びかけの語ノーは「なう」です。

これらは俗語といふものともちがふでせうが、俗語的ではある。ほか俗語俗用の類はやはり音を写す形で書きます。

知つちやあゐねえよ、そんなこたあ　あるめえ、といふわけで、なにも元にもどして「ゐないよ」だの「あるまい」だのとする必要はありません。

⑪**「相成りましょうか」**。

「相」はすこしあらたまつた気分を表す接頭語で「相」の字を使ふ習慣がありますが、仮名なら「あひ」です。

「ましょう」の「ましょ」の部分は助動詞「ます」の活用形のひとつで、未然形「ませ」です。この語の活用は、

ませ・まし・ます・ます・ますれ・まし（ませ）

となります。この未然形「ませ」に推量の助動詞「む」がついて「ませむ」となる。この「む」が音便で「う」となる。「行かむ」が「行かう」となるがごとしてです。

かうして「ませう」が成立し、これを手早く発音すると「マショー」に近くなる。そこで新かなでは未然形「ましょ」を立ててゐます。

ところでいま例に挙げた「行かむ」ですが、これは「行かう」ともなるけれども「行かん」ともなりますね。「いざ、行かん」といふ形です。

行かむ　↓　行かう・行かん

となる。同様に、

ませむ　↓　ませう・ません

ともなることがあります。いつだつたか井原西鶴の『武道伝来記』を読んでゐたら、「さあ、ナニナニをしませう」の意味で「しません」とあるのには仰天しました。

ふつう「しません」とあれば「しませぬ」といふ否定ですからね。でもこれが定着してゐたら新かなの「ましょ」なんて奇怪な活用形は立てられなかつたことでせう。もともと日本語には、キャキュキョ、シャシュショ、チャチュチョの類、拗音といふものは正規の音にも表記にも存在しません。発音上のわづかのゆるみやくづれの結果、さう聞えることもあるといふものです。その「ましょ」が正規の活用形に立てられるといふこと自体が、すこし異常なのです。

二

左様でござります、両眼をうしないましたのは四つのときと申すことでござります。

①　ここでは「**うしないました**」が問題です。

これは動詞「うしなふ」だらうと見当をつければ、問題なく「うしなひました」となります。この場合はそれで正解なのですが、ところがさう安易にもい

かない。といふのは、

失います　（うしなひます）

悔います　（くいます）

老います　（おいます）

と並べると同じやうな恰好をしてゐる。しかし「悔います」は旧かなで「くいます」となります。これを区別するにはまづ、「うしない」を見たらその言ひ切りの形、終止形「ウシナウ」を思ひ出すこと。すると語尾がウに近い発音となる。

終止形語尾がウに近い発音だつたらそれはハ行だと考へて結構です。おもウ（思）、かウ（買）、とウ（問）、あらウ（洗）、そこなウ（損）、やしなウ（養）、うばウ（奪）、にぎはウ（賑）、くはウ（加）など語はたくさんある。

それらはみなハ行活用であると見ていい。だから「うしなウ」ならハ行であり「うしなはない」「うしなひます」の形となる。

これが要領です。「悔いる」「老いる」などは終止形語尾が「る」だから全然ちがふ。

もつとも「悔いる・老いる」は口語ですが、文語の形を思ひ起せば「悔ゆ」「老ゆ」です。だからこれはヤ行である、として弁別できます。

また口語で「植ゑる」「飢ゑる」「据ゑる」となる動詞は文語で「植ウ」「飢ウ」「据ウ」となります。これは終止形語尾がウですがこれはハ行ではなく例外をなしてゐてワ行です。

これはハ行のたとへば「たくはふ（蓄）」とも同じ形で活用する。

〔蓄ふ〕　へ　へ　ふ　ふる　ふれ　へよ

〔飢う〕　ゑ　ゑ　う　うる　うれ　ゑよ

となるので迷ひますが、おぼえるしかありません。たつた三語です。

②「**申す**」は「**まうす**」。

非常に古い時代には「まをす」でした。いまでも神官の祝詞《のりと》では「まをす」と発音されてゐます。「マウォース」といつた感じです。

三

はじめは物のかたちなどほのぼの見えておりまして、おうみの湖《うみ》の水の色が晴れた日などにひとみに明う映りましたのを今に覚えておりまするくらい。

①「**はじめ**」。ジに近い発音のものは「じ・ぢ」のふたつですが、「じ」の方が多い。

はじめ　みじかし　まじはり　はじける　くじく　にじ（虹）　みじめ

などです。「ぢ」になるのはいはば例外で、これは『假名遣ちかみち』ではかうなります。

氏汝《うぢなんぢ》　小路《こうぢ》　蛞蝓《なめくぢ》　鯨《くぢら》　鯵《あぢ》　筋《すぢ》　肘《ひぢ》　鍛冶《かぢ》に　錑《ねぢ》　紅葉《もみぢ》　藤《ふぢ》

②「**見えて**」。

エの発音となるものは〔え・ゑ・へ〕と三つありますが、この場合は旧かなでも「見えて」です。

これはやはり文語にもどしてみることです。「見ゆ」となりますね。すなはちヤ行です。ヤ行は「やいゆえよ」ですから「見える」となる。

同じやうなものには、

冴え　凍《こご》え　殖《ふ》え　潰《つひ》え　癒《い》え　吠え

萌え　燃え　越え　冷え　消え　覚え

などがあります。「冴ゆ」「凍ゆ」といふわけですから「え」です。

③「**おりまして**」。

これは「をり」です。「ゐる・をり」とまとめておぼえること。

「をり・をる」は語頭に「を」が現れる例ですが、これは数多くはない。たいてい「お」です。「を」は一応例外となる。たとへば、

をとこ　をんな　をつと（夫）　をとめ　をととひ　をぎ（荻）

をしへ（教へ）　をかし（可笑し）　をさなし（幼）
をはる（終）　をる（折る）
などです。

④「**おうみの湖**《うみ》」は新かな絶対支持の人でもちよつと首をかしげたくなるのではないでせうか。「あふみの湖」です。

⑤「**明**《あこ》**う**」は、新かなを批判する人たちが指摘する最も大きな点のひとつです。これは「あかし」といふ形容詞の連用形で、活用はこんな形です。

語幹	未然	連用	終止	連体	已然	命令
あか	あかく	あかく	あかし	あかき	あかけれ	あかかれ

活用語尾だけを示すと、「く・く・し・き・けれ・かれ」となつて「ク活用」

と名づけられてゐます。つまり動くところはその語尾であつて、語幹「あか」は動かない、つまり「幹」である。何度でも言ひますがこの語幹は不動であるといふことが日本語の明確性を支へてゐると言つてもいいでせう。すなはちわかりやすく「あかう」となります。「う」は連用形語尾「く」の音便です。

⑥**「くらい」**。

これは漢字を宛てれば「位」ですが、この語は「くらゐ」です。

「ゐ」が現れるのはごく少なく、つぎのものでほぼ全部です。

井戸《ゐど》（井筒《ゐづつ》　井桁《ゐげた》　井杭《ゐぐひ》）　堰《ゐせき》　田舎《ゐなか》　猪《ゐのしし》（猪頸《ゐくび》　豕《ゐのこ》　乾《いぬゐ》　亥《ゐ》）
蠑螈《ゐもり》（蝘）　藍《あゐ》（紅《くれなゐ》）　藺草《ゐぐさ》（莞《ゐ》）　慈姑《くわゐ》　紫陽花《あぢさゐ》　居《ゐ》る（鴨居《かもゐ》　閾《しきゐ》
雲居《くもゐ》　芝居《しばゐ》　鳥居《とりゐ》　団欒《まどゐ》）　参《まゐ》る　率《ひきゐ》る　位《くらゐ》　基《もとゐ》　地震《なゐ》　臀《ゐしき》（ゐさら
ひ）　膝行《ゐざり》（躄）　乞食《かたゐ》　髫髪児《うなゐご》　用《もち》ゐる　礼《ゐや》

四 なれどもそののち一ねんとたたぬあいだにまったくめしいになりまして、かみしんじんもいたしましたがなんのききめもございませせなんだ。

①「**あいだ**」。「あひだ」となる。語中のイの音は、たいてい「ひ」です。「い」や「ゐ」になるのは少ないのでなんとかおぼえることにして、あとは「ひ」です。たとへば、
貝《かひ》　鶯《うぐひす》　齢《よはひ》　競《きほ》ひ　終《つひ》に　甲斐　鯛《たひ》　魂　椎《しひ》　価《あたひ》　災《わざは》ひ
などです。

②「**まったく**」は「またく（全）」といふ古い形容詞を、やや強く発音してゐるうちに形成されたもので「まつたく」。「またし」の連用形です。促音便、小文字の「っ」は便利な工夫ですがふつうこの表記はせず並の大きさで書きます。

③「**めしい**」は「盲」の字を宛てますが、語源はもちろん「目《め》、癈《し》ふ」です。「癈ふ」は上二段に活用し（ひ・ひ・ふ・ふる・ふれ・ひよ）、身体器官のはたらきを失ふことで、むかしは耳にも手足にも使つたやうですが、ほとんどが目について言つたので「目《め》」「癈《し》ひ」が熟合し、一単語のやうになつてしまつたものです。「めしひ」となります。

「癈ふ」は現在では上一段活用（ひ・ひ・ひる・ひる・ひれ・ひよ）となつてゐますが、仮名は元どほりハ行です。

④「**かみしんじん**」は「神信心」です。信心がやや硬い言葉なので作者は「しんじん」としたものでせう。字音仮名ですが「じん」はもちろんこのままです。

「心」はシンで、その連濁でジンとなつたものにすぎませんから字音はジンです。

五

おやは百姓でござりましたが、十のとしに父をうしない、十三のとしに母をうしのうてしまいまして、もうそれからと申すものは所の衆のなさけにすがり、人のあしこしを揉むすべをおぼえて、かつかつ世過ぎをいたしておりました。

①「**おや**」は「親」です。

男、女、夫、甥、乙女、夫婦《めをと》などが「を」ですからつい「をや」とやりたくなりますがこれはまつたくちがひます。をとこ、をみな、をとめなどは「をつ」（若返る）との関連で生じた語だらうと考へられるので「を」は当然ですが、「親」の方はなにかから生じたといふものでもないのでせう。もちろん学者の語源説は無数にありますが、だいたいお遊びみたいなものです。親は、目だの鼻だのと同じく基礎語・基層語なのでせう。つまりは理屈抜きに「おや」です。

②「**百姓**」は原作も「百姓」ですが、この字音はヒャクシャウ。「十」は発音トオですが、かなづかひは「とを」。語中・語末でオの音のものはたいてい「ほ」ですが、十の場合は「とを」。かういふ単語は多くありません。

竿《さを》　操《みさを》　澪《みを》　青《あを》　魚《うを》　鰹《かつを》　功《いさを》　栞《しをり》　薫《かを》る　萎《しを》る　申《まを》す　たをやか　手弱女《たをやめ》

でほとんどぜんぶです。

③「**うしのうて**」は気をつけてください。正解は「うしなうて」ですが、これは旧かなの中でも最もまちがへやすいもののひとつです。

まづ、元の動詞は「うしなふ」。その連用形が「うしなひ」です。その「うしなひ」に接続の助詞といはれる「て」が付けば「うしなひて」となる。

この「うしなひて」が本来の正格の表記ですが、「て」や「た」「たり」に続く場合にはしばしば音便が起ります。

活用語尾「ひ」が「う」に変る。つまり、

うしなひて → うしなうて

となる。理屈はこれだけですが、忘れてならないのは語幹が、これは語の幹なのですから変化しない、といふ点です。「うしのうて」とはならない。

「失ふ」の変化は、

語幹	未然	連用	終止	連体	已然	命令
うしな	失は	失ひ	失ふ	失ふ	失へ	失へ

変化するのは活用語尾「は・ひ・ふ・ふ・へ・へ」の部分だけです。

「買ふ」などの場合も、

語幹	未然	連用	終止	連体	已然	命令
か	買は	買ひ	買ふ	買ふ	買へ	買へ

となるので、「買《か》うてきた」といふ具合になる。

先に見た音便形「むかうて」を思ひ出してください。

同様に、語幹に傍線をつけて示すとかうなる。

あがなうて　動詞「贖ふ」
あざなうて　〃「糾ふ」
うつろうて　〃「映ろふ」
たゆたうて　〃「揺蕩《たゆた》ふ」
とぶらうて　〃「訪《とぶら》ふ」
あらうて　〃「洗ふ」

くれぐれも「あがなふて」とやらないこと。このウ音便は四段動詞に起る現象です。「あがのうて」は論外です。これだと、動かないことから名づけられた語幹が、名に反して動くことになる。

もちろん発音はそれぞれ、アガノーテ、アザノーテ、ウツローテ、タユトーテ、トブローテ、アローテ、となります。

いくら音便を起しても語幹の部分は動かない、といふのは形容詞の音便の場合も同様です。

なうて　形容詞「無し」　発音ノーテ
あぢきなうて　〃「あぢきなし」　〃アジキノーテ
すくなうて　〃「少なし」　〃スクノーテ
はやうて　〃「早し」　〃ハヨーテ
ねたうて　〃「妬《ねた》し」　〃ネトーテ
こちたうて　〃「こちたし」　〃コチトーテ
たかうて　〃「高し」　〃タコーテ
ふかうて　〃「深し」　〃フコーテ
あさうて　〃「浅し」　〃アソーテ
うつくしうて　〃「美し」　〃ウツクシューテ
うるはしうて　〃「麗し」　〃ウルワシューテ
わびしうて　〃「侘し」　〃ワビシューテ
おほきうて　〃「大きい」　〃オーキューテ

さきに述べた「明う」も同じです。

あかうて　形容詞「明し」　発音アコーテ

注意したいのは「美しうて」以下「しゅ」とはやらないこと。シュなどの拗音表記は音写用のものであつて、国語かなづかひには存在しません。擬音語、擬態語、外国語用のものです。シュッポシュッポ、しゅんとする、シューベルトといふわけです。

④**「しまいまして」**は、しまウといふ動詞（補助動詞）の終止形の語尾がウに近い音ですからハ行の活用です。つまり正解は「しまひまして」。

⑤**「もう」**。これは旧かなも「もう」です。「もはや」といふことです。成り立ちは複雑なところもある語のやうで、歴史的かなづかひで「まう」だといふ説もあるさうですが、「もう」でよろしい。

これも、旧かな派にもまちがへる人が多い語です。旧かな派にすれば、モーといふ発音だからといつて「もう」なのでは、新かなみたいだ、といふ感覚になりがちだからかもしれません。「まう」とやりたくなる。

さういへば、「どうしたらよからう」の「どう」を「だう」なんてやる人がありますが、ちよつと恥づかしいまちがひです。

⑥「**衆**」の字音はシュウです。この字には作者も振りがなをつけてゐます。

⑦「**おぼえて**」は「おぼゆ」といふ動詞ですからヤ行、したがつて「おぼえて」とヤ行の活用です。さきほどの「見えて」の項を見てください。

⑧「**いたして**」はもちろん「いたす」といふ動詞で、旧かなでも「いたす」です。動詞の語頭が「ゐ」となるものは「居る」「率る」のほか「齗《ゐ》る」なんて古語がありますが、あとはないのではないでせうか。まづは「い」で書き出していいでせう。

六

とこうするうちたしか十八か九のとしでござりました。ふとしたことから小谷《おだに》のお城へ御奉公を取り持ってくれるお人がござりまして、そのおかたの肝いりであの御城中へ住み込むようになったのでござります。

①「**とこうするうち**」は「なんやかやと、あれこれしてゐるうちに」といった意味です。

「とこう」とあるのは「とかく」の音便ですから「とかう」となる。

この「とかく」は「ともかくも」とか「とまれかくまれ」「とやかう」などの「と」と「かく」です。「かく」は漢字を宛てれば「斯く」。

古今集にふしぎな歌がありますね。

そゑにとてとすればかかりかくすればあな言ひしらずあふさきるさに

「とすればかかり」とある。「とすれば、斯《か》くあり」つまり「ああすれば斯うなつて」といつた意味です。ついでながら歌全体の意味は、
それだからといつてああすればかうなるし、かうすればああなるではないか。なんとまあ、一体どう言へばいいのだ、どつちにしてもいろいろ事が食ひちがつてサ。
とでもなりませうか。

②「**小谷**」には原作でも振り仮名があつて「をだに」とあります。「小」の字に置き替へられるやうなオは「を」です。小川、小止みなく、小暗い、などがさうです。これは、ちひさく、こまかく、親しみあるもの、あるいはわづか、少々、といつた意味のものの頭につける接頭語です。小父さん、小母さん、小田、小山、小黒、小屋、小野、小浜、小沼、小忌《をみ》、小柴《をふし》、小床、小戸、小樽、小坂、小串、小原、小楯、小瀬、小沢、小笹、小車、小倉、小草、小萱《をがや》――ほかにもいろいろあるでせう。ぜんぶ「を」です。

作者がこれに仮名を振つたのは、地名だからといふことでせう。地名・人名の場合は振り仮名がなくてはどうにもなりません。実際「小谷」とあつても、いろいろ読みかたはありますから。

●大正解

さてどうでしたか。

こんなところで原文をかかげてみます。ここだけは漢字も原作どほりにしてみませう。わづかしかありません。この小説では改行一段下げといふ処理は行はれてをりません。

わたくし生國《しやうこく》は近江のくに長濱在でござりまして、たんじやう《誕生》は天文にじふ一ねん、みづのえねのとしでござりますから、當年は幾つになりまするやら。左様、左様、六十五さい、いえ、六さい、に相成りませうか。左様でござります、兩眼をうしなひましたのは四つのときと申すことでござります。はじめは物のかたちなどほの〴〵見えてをりまして、あふみの湖《うみ》の水の色が晴れた日などにひとみに明《あか》う映《うつ》りましたのを今に覚えてをりまするくらゐ。なれどもそのゝち一ねんとたゝぬあひだにまつたくめしひになりまして、かみしんじんもいたしましたがなんのきゝめもござりませなんだ。おやは百姓でござりましたが、十のとしに父をうしなひ、十三のとしに母をうしなうてしまひましてもうそれからと申すものは所の衆《しゆう》のなさけにすがり、人のあしこしを揉むすべをおぼえて、かつ〳〵世過ぎをいたしてをりました。とかうするうちたしか十八か九のとしでござりました、ふとしたことから小谷《をだに》のお城へ御奉公を取り持つてくれるお人がござりまして、そのおかたの肝《きも》いりであの御城中へ住み込むやうになつたのでござります。

これが谷崎の書いた小説『盲目物語』発端です。

コラム
〔新字体〕

いはゆる新字体といふのは、昭和二十四年四月の内閣告示で「当用漢字字体表」で示された字体を指します。昭和五十八年の「常用漢字表」の内閣告示で形式的には廃止されてゐますが内容には変りがありません。

國は国、濱は浜とされたなどがその例です。

原作の字体を変へるといふのは、原作者の意図したものとはまつたく字面の印象のちがふものにしてしまふことですから、よくないことだ、といふのが私の「少数意見」です。大多数の人は、原作者の文字遣ひを勝手に変へることを「よいこと」と思つてゐるやうです。

新字体には具体的・現実的な大欠陥もあります。たとへば「欠陥」の「欠」の字ですが、この正字体（いはゆる旧字体）は「缺」です。これが当用漢字に入り（昭和二十一年）、その中の五百字ばかりについて新字体が決められたとき（昭和二十四年）に「欠」となりました。当用漢字に入らなかつた漢字はもちろん新字体はありません。

ところが困つたことに、「欠」といふ、当用漢字に入らなかつた文字がります。ケンと読みます。さてもともと「欠缺」といふ熟語があつてケンケツです。これを書くときはどうしますか。「欠《けん》」は正字で「欠《けん》」、「缺《けつ》」は新字体で「欠《けつ》」と書くしかない。結果は「欠欠」ですね。読みはケンケツ。をかしな話です。

弁の字もかなりひどいことになつてゐて、これは「辨・瓣・辮・辯」の新字体だといひます。ところがもともと「弁」といふ正字があつて「かんむり」の意味です。では「弁舌」だの「東京弁」だのといふのは、これはなんなのでせう。

藝は芸とされましたが「芸」の字はむかしから正字としてあつてウンと読みます。香草の名です。奈良朝末期に我が国最初の公開図書館として「芸亭」が開設されました。さてこれはどう読むか。ウンテイです。

證は証とされた。ところが「証」はセイと読んで「いさめる」の意味です。體は体とされた。ところが「体」はホンと読んで「そまつ・おとる」の意味です。それに、峽は峡、狹は狭だといふから俠は当然侠だと思ふとこれがちがふ。「俠」

と書かなくてはまちがひです。佛が仏だといふから沸は沵かと思ふとちがつて沸だといふ。

これが新字体の「ありかた」です。新字体はわかりやすいと思つてゐる人がありますが、じつはかなり困つたものなのですよ。

【字音かなづかひ解答】

① あいさつ　あひばう*　いちおう　いつかう　うくわつ
② うつたうし　ゐしやく　わうちやく　あうむ　おくくふ
③ かつかうきやうだい　ぐづ　けつこう　かうかう　ごんべゐ
④ じふぶん　じようだん　しやうばん　しやうぶ　ざふきんさうぢ
　さうめん　ざうり
⑤ たいそう　てふ　たうへんぼく　たうてい　たうとう
⑥ ぶだう　はう　ほんたう
⑦ めうが　もうろく　もやう
⑧ いういう　やうかん　やうじ　やうす
⑨ らふそく　らうらう

*〔注〕相棒の「あひ」は訓

【問題】は一九三ページにあります。

第六章

すこし練習、大きくおぼえる

●──『盲目物語』を練習台に

ではすこし、『盲目物語』の一節一文でかなづかひから練習問題を出してみます。

前章に挙げた半ページほどだけで、だいたいのかなづかひ原則は出てゐるのですが、すこしはまだ触れてゐない部分もあるかと思ひます。しかしなんとか試みてください。新表記版を出しますから原作の形に復元してください。

すでに言つたやうに、漢字の字音かなづかひは、おぼえ切ることは無理なのですからあまり気にしないで結構です。ここで満点が取れたならば、かなづかひ感覚はもうできたといつていいでせう。ただ、これだけではなんといつても単語がすくない。まとめて一気におぼえてしまふ秘伝と、確認の「整理問題」「仕上げ問題」などが残りのページで展開しますから、それを楽しみにまづここを片づけませう。では。

【問一】 このお児が後に太閤殿下の御ちょうあいをおうけなされ、かたじけなくも右だいじん秀頼公のおふくろさまとおなりなされた淀のおん方であらせらりょう*とは、まことに人のゆくすえはわからぬものでございます。

＊〔注〕あらせらりょう——音便の形

【問二】 ほんとうにわたくしふぜいのいやしいものが、なんの冥加であぁ云うとういお　女中がたのおそばちこう仕えますことができましたのやら。

【問三】 最初はわたくし、さむらい衆の揉みりょうじをいたすということでござりましたけれども、

〔問四〕　みなの衆に所望されまして、世間のはやりうたなどをうとうたことがございますので、そんな噂が御城中へきこえたのでございましょう、

〔問五〕　信長いかに虎狼のいきおいにほこっておってもえちぜんぜいと力をあわせて無二の一戦をいたすならば、*やわか彼を討ち取れぬことがござろうぞと、

*〔注〕やわか――反語の副詞

〔問六〕　そう云うおかんがえでござりましたけれども、御いんきょは年よりのくせで、なにごとにも大事をとろうとなされますので、かえって不利をまねくようになりました。

〔問七〕　それで御返事には、いや、それよりも、いずれ信長が小谷のお城へおしよせてまいりましょうから、そのとき当国のにんずをもよおして

お味方に参じましょうと、そういうごあいさつでござりましたので、

［問八］そうとはゆめにも知らなんだ。それをきくからはこの世になんのみれんがあろう、ちちうえの弔いがっせんをしていさぎよくおあとを追うばかりだ。

［問九］いまさら何を申しましょうなれども、かえすがえすもくちおしゅうござりますのは玄蕃どのの御油断でござります。

［問十］上人にむかってれっかのごとくいきどおられまして、勝つも負けるも時の運であるのは申すまでもないこと、それをおのれらにおしえられようか、

【練習問題正解】（傍線部、特に注意）

［問一］　このお児が後に太閤殿下の御ちようあいをおうけなされ、かたじけなくも右だいじん秀頼公のおふくろさまとおなりなされた淀のおん方であらせられうとは、まことに人のゆくすゑはわからぬものでございます。

［問二］　ほんたうにわたくしふぜいのいやしいものが、なんの冥加であゝ云ふたふといお女中がたのおそばちかう仕へますことができましたのやら。

［問三］　最初はわたくし、さむらひ衆の揉みれうぢをいたすといふことでござりましたけれども、

［問四］　みなの衆に所望されまして、世間のはやりうたなどをうたうたことがござりますので、そんな噂が御城中へきこえたのでござりませう、

［問五］　信長いかに虎狼のいきほひにほこつてをつてもゐちぜんぜいと力をあはせて無二の一戦をいたすならば、やはか彼を討ち取れぬことがござらうぞと、

［問六］　さう云ふおかんがへでござりましたけれども、御いんきよは年よりのくせで、なにごとにも大事をとらうとなされますので、かへつて不利をまねくやうになりました。

［問七］　それで御返事には、いや、それよりも、いづれ信長が小谷のお城へおしよせてまゐりませうから、そのとき当国のにんずをもよほしてお味方に参じませうと、さういふごあいさつでござりましたので、

［問八］さうとはゆめにも知らなんだ。それをきくからは此の世になんのみれんがあらう、ちゝうへの弔ひがつせんをしていさぎよくおあとを追ふばかりだ。

［問九］いまさら何を申しませうなれども、かへすがへすもくちをしうございますのは玄蕃どのゝ御油断でござります。

［問十］上人にむかつてれつくわのごとくいきどほられまして、勝つも負けるも時の運であるのは申すまでもないこと、それをおのれらにをしへられようか、

旧かな簡便習得法

歴史的かなづかひは、語の構成、成り立ち、語源など、気をつけて合理的にとらへさへすれば容易に身につくのですが、それはそれとして、一般に「むづ

かしい」と思ふ人が多い理由は、発音とちがふ文字を書かなければならぬ、というところにあると思ひます。

ところがそれを整理してみると実に大したことがない。まづほとんどは、アなら「あ」と書けばいいし、スなら「す」と書けばいい。多少の事情があるものは、ワ音なのに「わ」と「は」があるといふ種類のつぎのものだけです。

1	ワ音	わ	は	
2	ウ音	う	ふ	
3	オ音	お	ほ	を
4	エ音	え	へ	ゑ
5	イ音	い	ひ	ゐ
6	ジ音	じ	ぢ	
7	ズ音	ず	づ	

たつたこれだけです。右の一覧で「ワ音」とあるのはもちろん厳密にワ、つまり国際音標文字の〔wa〕音といふ意味ではなく、おほよそのやうに感じられてゐるといふことです。

「輪切り」と言ふときにはワ音は明確でせうが、「ぼくは」と言ふときにはワはそれほどはつきりは発声しない。ぼくア、ぼかア、なんてことになつてべつに不便はなく、聞く方は「ボクワ」といふ形で聞いてゐます。つまりは「あるはずの音」といふことで、これが日本語の音韻です。

ジ音としたものはジ、ヂ両方です。これらは音の相違があつたやうで、現にその相違を残してゐる地方もありますが、乱暴ながらまとめてあります。ほかもそんな意味で大雑把なものですからそのつもりでゐてください。

さて、複雑といつても右のやうな程度です。

もちろんすでに見たやうに、音便で長音のごとくになるもの、たとへば「高《たか》うございます」などの「高う」はタコーと発音されますから、「か」がコになる。「煽《あふ》る」などではアオルに近く発声されますから「ふ」がオになる、といつたことはありますが、ただこの場合でも「高ぅ」の形が明確に「タ」「コ」「ー」の要素で構成されてゐるといふ意識はありません。発音の便宜でついかうなつたといふ感じはだれもが持つてゐます。だからさつき言つた「音韻」といふことではあくまで「か」だとしていい。

いやまあそれは「理屈」だとしておいても結構です。とにかく多少そのやうなことはあります。しかしほとんどの問題は右の一覧に尽きます。

福田恆存式おぼえかた

このおぼえかたは、いろいろな説明のしかたがありますが、まづ、私が学生のころ読んで深い感銘をおぼえた福田恆存『私の國語教室』中の第三章「歴史的かなづかひ習得法」の順に従つてざつとおさらひしてみませう。

1 ワ音の表記

〔本則〕

ワ音が語頭のときはつねに「わ」と書き、語中語尾のときは「は」と書く。（われ、わたくし、渡る。川《かは》、岩《いは》、麗《うるは》し）

〔例外〕

泡《あわ》　声色《こわいろ》　硫黄《ゆわう》
鶸《ひわ》　乾《かわ》く　騒《さわ》ぐ
弱《よわ》い　坐《すわ》る

「こわいろ」は「声《こゑ》」の「ゑ」がワ行音でそれが転じたものですから、さういふ「関連」で考へれば当然のかなづかひです。「坐る」も「据ゑる」の自動詞で、やはりワ行です。

2 ウ音の表記

〔本則〕

ウ音が語頭のときはつねに「う」と書き、語中語尾のときは「ふ」と書く。（上、海。買ふ、向ふ）

〔例外〕

かうして　疾《と》うに
狩人《かりうど》　笄《かうがい》　申《まう》す
どうも

例外として挙げたものは語中語尾に「う」の来るものです。しかしこれらはどれも広い意味の音便です。元来のものではありません。実際の発音としては「オ」に近いものが多くなつてゐます。「かうして」は「斯くして」、「疾うに」は「疾くに」「とつくに」の転です。「狩りひと」「髪掻き」「まをす」です。「どうも」は「どもならんわい」などの「ども」が延びたものです。もつともこのあたりの「う」については新かなでもほぼこのとほりなので戸惑ひはないはずです。

なほ「扇《あふ》ぐ」「仰《あふ》ぐ」「煽《あふ》る」「葵《あふひ》」「今日《けふ》」などでは「ふ」の部分をオに近い発音で言ひます。しかし「煽る」などはアフルに近い発音も残つてゐます。

3	〔本則〕	〔例外〕
オ音の表記	オ音が語頭のときは主に「お」と書き、語中語尾のときは主に「ほ」と書く。（織物《おりもの》、奥《おく》。顔《かほ》、氷《こほり》）	尾《を》　長《をさ》　一昨年《をととし》　岡《をか》 大蛇《をろち》　可笑《をか》しい　雄々《をを》しい 幼《をさな》い　獺《をそ》　澪《みを》　夫婦《めをと》

4	〔本則〕	〔例外〕
エ音の表記	エ音が語頭のときは主に「え」と書き、語中語尾のときは主に「へ」と書く。(枝《えだ》、柄《え》。蝿《はへ》、帰《かへ》る)	絵《ゑ》　餌《ゑ》　笑《ゑ》む 彫《ゑ》る　末《すゑ》　杖《つゑ》 声《こゑ》

また語中でエ音を「え」と書くことがありますが、これはたいてい「怯《おび》える」「聳《そび》える」「栄える」などヤ行に活用する語です。「怯ゆ」「聳ゆ」「栄ゆ」というわけです。だからこの「え」はア行ではなくヤ行の「え」です。

あと少数ながら名詞でもあります。

栄螺《さざえ》　鵺《ぬえ》　笛《ふえ》　稗《ひえ》　ねえさん

「ねえさん」は「あねさん」の延音で、いはば音写ですから聞えるやうに書きます。

5	〔本則〕	〔例外〕
イ音の表記	イ音が語頭のときは主に「い」と書き、語中語尾のときは主に「ひ」と書く。（石、稲、貝、魂、宵）	藺《ゐ》　田舎《ゐなか》　井戸《ゐど》 対《つゐ》　所為《せゐ》　藍《あゐ》

また語中でイ音を「い」と書くことがあります。これはヤ行の動詞語尾か、あるいは音便、延音の類で、もとの形がたどれるものです。

老いる　悔いる

書いて　泣いて　幸《さいは》ひ　築地《ついぢ》　衝立《ついたて》

詩歌《しいか》　贔屓《ひいき》　大きい　悲しい

6	〔本則〕	〔例外〕
ジ音の表記	「じ」と書く。 （聖《ひじり》、籤《くじ》、虹《にじ》、交《まじ》はり、かじる）	爺《ぢぢ》　藤《ふぢ》　泥《ひぢ》 攀《よ》ぢる　閉《と》ぢる

ジ、ヂ、ズ、ヅが語頭にくるやうな和語はありません。助動詞のやうな付属語にはありますが、名詞、動詞、形容詞などには存在しません。もしあるとすればそれは外国語、新語、擬音語の類です。一般にガ行、ザ行、ダ行、バ行、つまり濁音からはじまる語はないわけです。

爺《ぢぢ》は和語ですが、連濁、訛音《くわおん》などの変化を経て比較的後世に成立した語です。基本に「父」があるので仮名は「ぢぢ」となります。ついでに言へば語頭ラ行音の語もありません。

ジストロフィー　地獄　ずぶずぶ　ズドン　ルビー

7	ズ音の表記
〔本則〕	「づ」と書く方が多い。 (屑《くづ》、泉《いづみ》、外《はづ》れ、授《さづ》く、貧《まづ》し、恥づかし、静《しづ》か)
〔例外〕	硯《すずり》　杏《あんず》　弾《はず》む 涼《すず》し　雀《すずめ》　必《かなら》ず

こんなところです。歴史的かなづかひとことごとしく言ひますがこの程度のことです。いよいよわからなくなつたら国語辞典を引けばなんとかなるし、何度も話に出した『盲目物語』でも一度注意して読めばもう大丈夫です。もちろんいまの文庫本ではだめですが。

みなさんの中には和歌・俳句をやる人も多いでせうから、『古今和歌集』と『奥の細道』だけでもじつくり読めばかなづかひは完成です。ただし、古典を読む場合はあまり厳密を期して古写本の影印本（写真版）などを見るのはよくありません。研究用には結構ですが、それらの原本に近いものは、書き写された当時の人の癖や不注意がそのまま出てゐますから。

一般読者用に補訂された文庫本などで結構です。いや、その方がよろしいと思ひます。

大森惟《ゐ》中《ちゆう》のおぼえ歌

何度か本書でも引いた『假名遣ちかみち』（山田孝雄・小島好治。國語問題協議會）には、例外を手際よくおぼえるための「おぼえうた」といふべきものがたくさん挙げられてゐます。大森氏が作つたもので、結構口調よくできてゐますから、並べておきませう。大いに参考になります。本文中でもいくつか引きました。

まづ最初の「ぢの歌」は、「じ」と「ぢ」では「ぢ」が少ないから「ぢ」を使ふ主な言葉を短歌にしておぼえてしまはうといふものです。他も要領は同じです。

【ぢの歌】

氏汝《うぢなんぢ》　小路《こうぢ》　蛞蝓《なめくぢ》　鯨《くぢら》　あぢ（鰺・味）　筋《すぢ》　ひぢ（肘・泥）

かぢ（梶・鍛冶）に　鋲《ねぢ》　紅葉《もみぢ》　藤《ふぢ》

【ずの歌】

鵙《もず》　蚯蚓《みみず》　髻華《うず》　数《かず》　疵《きず》に　葛《くず》　矢筈《やはず》　必《かなら》ず　鼠《ねずみ》　すず（鈴・錫・雀）に

なずらふ

【わの歌】

神酒《みわ》　鰯《いわし》　轡《くつわ》　廓《くるわ》に　慈姑《くわゐ》　泡《あわ》　声音《こわね》　諺《ことわざ》　埴輪《はにわ》　腸《はらわた》

皺《しわ》　たわみ　理《ことわり》　弱《よわ》く　いわけなし　惶《あわ》て　躁《さわ》ぐな　乾《かわ》く　爽《さわや》か

【をの歌】

男女《をとこをみな》 夫《をつと》 一昨日《をととひ》 甥《をひ》 少女《をとめ》 荻《をぎ》 桶《をけ》 斧《をの》に 獺《をそ》 鰧《をこぜ》 鴛《をし》

教《をしへ》 踊《をどり》 叫《をめ》き 戦《をのの》く 折《を》り 終《をは》り 痴《をこ》 遠《をち》 大蛇《をろち》 をか（岡・犯す・拝むなど）をさ（長・筬・治むなど）の諸字

【をの歌】

竿《さを》 操《みさを》 澪《みを》 魚《うを》 功《いさを》 十《とを》 青《あを》し 栞《しをり》 萎《しを》るる 薫《かを》る たをや女《め》

【ふの歌】

扇《あふぎ》 仰《あふ》ぐ 葵《あふひ》 樗《あふち》に 近江《あふみ》 障泥《あふり》 倒《たふ》る 貴《たふと》し 啞《おふし》 昨日《きのふ》 今日《けふ》

【うの歌】

詣《まう》で申《まう》す　首被《かうべかうむ》り　畳紙《たたうがみ》　手水《てうづ》　賓《まらうど》　箒《はうき》　蝙蝠《かうもり》
事《つかうまつ》る　候《さうらふ》　直衣《なうし》　香《かうば》しく　八日《やうか》　漸《やうや》く　設《まう》け　葬《はうむ》る

【ゐの歌】

井戸《ゐど》　堰《ゐせき》　田舎《ゐなか》　猪《ゐのしし》　蠑螈《ゐもり》　藍《あゐ》　藺草《ゐぐさ》　紅《くれなゐ》　慈姑《くわゐ》　紫陽花《あぢさゐ》
居《ゐ》る参《まゐ》る　率《ひき》ゐる位《くらゐ》　基《もとゐ》　地震《なゐ》　臀《ゐしき》に膝行《ゐぎり》　乞食《かたゐ》うなゐ児《ご》

【いの歌】

幸《さいは》ひに　次《つい》で啄《ついば》み　濃《こ》い白《しろ》い　老《お》い悔《く》い報《むく》い　ついに鷂《はいたか》
笄《かうがい》に　松明《たいまつ》　灸《やいと》刃《やいば》棹《かい》　吹革《ふいご》朔《ついたち》　築地《ついぢ》　小槌《さいづち》

【ゑの歌】

笑《ゑ》む　ゑぐし　酔《ゑ》ひ　彫《ゑ》り　刳《ゑぐ》る　靨《ゑくぼ》　餌《ゑ》　絵《ゑ》　杖《つゑ》　末《すゑ》　梢《こずゑ》　机《つくゑ》　声《こゑ》　故《ゆゑ》

【えの歌】

鵺《ぬえ》　栄螺《さざえ》　稗《ひえ》　笛《ふえ》　轅《ながえ》の柄《え》　干支《えと》の兄《え》　甲《きのえ》　蘖《ひこばえ》　萌黄《もえぎ》　梅《うめ》が枝《え》

●永野賢のおぼえ歌

つぎは、歌人塚本邦雄さんが随筆『バベルの塔'72』で紹介してゐますが、国語学者永野賢氏の短歌です。まづ見ませう。

大勢《おほぜい》が焔《ほのほ》の如く憤《いきどほ》る催《もよほ》し多《おほ》き車前草《おほばこ》の原
大晦日《おほみそか》氷《こほり》の覆《おほ》ふ大通《おほどほ》り朴歯《ほほば》を履いて足滞《とどこほ》る

きちんと意味も通る短歌となつてゐますが、実はこれは文藝としての短歌ではなく「おぼえ歌」です。なにをおぼえるかといふと、まあふりがなを見てください。ぜんぶ「ほ」が入つてゐます。これらの語はこの「ほ」を「お」にすれば新かなになるといふものです。

新かなを書くには旧かなを知らなくては無理だと先に言ひましたが、この「短歌」でその事情はよくわかります。逆に言へば、かりにふだん新かなを使ふ人でも、この歌をおぼえてゐれば、これらは簡単に旧かなになほせるといふことです。

塚本さんは生涯、新かなの歌はまつたく作つていません。

亨辨《きやうべん》のおぼえ歌

つぎに紹介したいのは、『和歌童翫抄《わかどうぐわんせう》』といふ書物にあるかなづかひのおぼえ歌です。著者は江戸麻布の長光寺住職で宝暦五年に歿したといふ亨辨といふ人ださうです。作歌の手引書として書かれたものですが、作歌手引である以上かなづかひには最大の注意をうながさなくてはならないわけですから、かなづかひ習得には実に重宝なものとなつてゐます。

実は私はその原本は持つてをりませんが、昭和五十一年一月十九日付『神社新報』紙上で、船寺神社（神戸市）宮司好崎安訓さんが「仮名遣ひ歌」と題する論文で紹介されたものの切り抜きを持つてゐます。好崎さんはその後亡くなられましたが、同社宮司職を継いでをられるご子息安春さんのお許しを得てここに再録いたします。好崎論文によればこれは亨辨の原本のままではなく、後進の歌人や国学者がいろいろ補綴《ほてい》したものださうです。それを好崎さんの父君が大正時代の初期に転写して、安訓さんが大事にしてゐた、といふことのやうです。「原本」自体は散佚《さんいつ》してゐるのでせう。
まづ、「は」と「わ」との使ひ分けからはじまります。

はとわとはあやまりやすき仮名なればわのかたのみを志るしおくなり

つまり、「わ」を使ふことは少ないのだから、「わ」の方をおぼえておけばいいのだよ、と教へるわけです。そしていよいよおぼえ歌です。

【は、わ】

｜はと｜わとはあやまりやすき仮名なれば　｜わのかたのみを志るしおくなり

わの仮名は浦曲《うらわ》の鰯《いわし》乾《かわ》く沫《あわ》　野分《のわき》に周章《あわ》て騒《さわ》く美女《たわやめ》
稚《いわけな》き理《ことわり》　硫黄《ゆわう》坐《すわ》る皺《しわ》　植わる慈姑《くわゐ》に作業《しわざ》　諺《ことわざ》
酒瓮《みわ》　＊俵轡《たわらくつわ》爽《さわ》やか枇杷《びわ》廓《くるわ》　弱《よわ》る声音《こわね》に撓《たわ》む腸《はらわた》

＊俵（たわら）、爽（さわ）やか、枇杷（びわ）については「たはら」「さはやか」「びは」がよいかともされる。

この外は瓦《かはら》和《やは》らぐなどの類　みなはの仮名と心得てよし

【い、ゐ、ひ】

いゐとひは誤りやすき仮名なれば　いゐのかたのみ志るしたるなり
端＊のいの上にあらぬは柊挨《さいづち》に　老《お》い悔《く》い報《むく》い櫂《かい》に　緌《おいかけ》

＊「イ」と発音する「い・ゐ・ひ」のそれぞれについていろは歌に現れる順に従って「端のイ」（い）、「中のイ」（ゐ）、「奥のイ」（ひ）と呼ぶことがある。

さきはひをさいはひといひ饗応《もてなし》を　もてないと云ふは音便ぞかし

奥＊のゐは地震《なゐ》に　猪《ゐのしし》藍《あゐ》慈姑《くわゐ》　井堰《ゐぜき》に　蛔《ゐもり》　莞《おほゐ》　紫陽花《あぢさゐ》

＊本来「中のゐ」のはずだが、筆写の誤りか。

髻髪《うなゐ》らが率《ひき》ゐ用《もち》ゐる豕《ゐのこ》より基《もとゐ》　紅《くれなゐ》又は潮《しほ》さゐ

雲井《くもゐ》には宿直《とのゐ》に参《まゐ》る礼《ゐや》位《くらゐ》　田舎《ゐなか》に居《ゐ》るは膝行《ゐざり》乞食《かたゐ》ら

この外は岩磯《いはいそ》などの言の葉の　上につかふは端のいぞかし

鯛《たひ》盥《たらひ》小《ちひ》さしなどの言の葉の　中下にあるは皆ひの字なり

【へ・え・ゑ】

えゑとへは誤り易き仮名なれば　えゑの方のみ志るしたるなり

中のえ―を言葉の中と下におくは　笛《ふえ》に桊《さすえ》に鵺《ぬえ》に鶲《ひえとり》
鮠《はえ》栄螺《さざえ》鴨《かも》枝《え》干支《えと》のえ―　稗《ひえ》萌黄《もえぎ》轅《ながえ》入江《いりえ》に下《しづ》枝《え》　蘖《ひこばえ》

中のえ―を此外下に書くものは　見え消えなどの下二段のみ

奥のゑ―は智《ち》慧《ゑ》に鞆《とも》絵《ゑ》に彫《ゑ》り画《ゑが》き　机《つくゑ》に座《す》ゑし烏《ゑ》帽《ぼ》子《し》　陶《すゑもの》
仮《す》髪《ゑ》薮《ゑぐ》し犬《ゑぬ》に赤卒《ゑむば》に屠児《ゑとり》ども　酔《ゑ》ひたる故《ゆゑ》か歎笑《ゑら》ぐ笑《ゑ》み声《こゑ》

此の外に蝦枝《えびえだ》などの言の葉の　上につかふは中のえ―ぞかし
苗《なへ》鼎《かなへ》帰《かへ》るさなどの言の葉の　中下にあるは皆へ―の字なり

【う・ふ】

うとふとは誤り易き仮名なれば　うのかたのみを志るしおくなり

うの仮名は阿行和行の下二段　其の外兄鷹《せう》のひとつあるのみ

甚《いみじ》くをいみじうといひ箒《ははき》をば　はうきといふは音便ぞかし

此の外は葵《あふひ》扇《あふぎ》に今日《けふ》笑《わら》ふ　戦ふなども皆ふの字なり

【ほ・を・お】

おをとほは誤り易き仮名なれば　をのかたのみを志るすなりけ里

中のを―の言葉の上にあるものは　桶《をけ》苧《を》一昨日《をとつひ》折敷《をしき》韋《をしかは》
伯叔父《をぢ》に伯叔母《をば》甥《をひ》に幼児《をさなご》訳語《をさ》童男《をぐな》　男《をとこ》女《をみな》に村長《むらをさ》の老翁《をぢ》
檻《をり》に居《を》る愚《をこ》の大蛇《をろち》の戦《をのの》きて　叫《をめ》き躍《をど》るぞ可笑《をか》しかりける
岡《をか》の荻《をぎ》尾花《をばな》にをけら女郎花《をみなへし》　尾上《をのへ》の媒鳥《をとり》遠近《をちこち》の小田《をだ》
大抵《をさをさ》に雄々《をを》し懦弱《をぢなし》乙女子《をとめご》の　惜《を》しみ納《をさ》むる緒環《をだまき》の筬《をさ》
折《を》る時節《をり》に斧《をの》に鴛鴦《をしどり》招《を》く終《をはり》　拝《をが》む教《をしへ》もひとつ仮名なり
中のを―のほ―にまぎるるは青《あを》き水脈《みを》　魚《うを》に川獺《かはをそ》竿《さを》に栞戸《しをりど》

美女《たをやめ》が徐々《やをら》萎《しを》るる操《みさを》また 撓《とを》みて薫《かを》る紫苑《しをん》芭蕉葉《ばせをば》

数の十《とを》功《いさを》に襖子《あをし》俳優《わざをぎ》に 申《まを》すの仮名も中のをぞかし

此の外に親臣《おやがみ》などの言の葉の 上につかふは奥《おく》のおぞかし

顔《かほ》匂《にほひ》こほろぎなどと言の葉の 中下にあるはほの字なりけり

【じ・ぢ】

しとちとは濁る言葉のまぎるれば しのかたのみを志るすなりけり

志の仮名の濁るは文字《もじ》に富士《ふじ》の山 弾《はじ》く抉《くじ》るに同《おなじ》短《みじか》し

憖《なまじひ》に聞かじ知らじのじ―文字より　簀《あじか》網代《あじろ》に始《はじ》め交《まじ》はり

甚《いみじ》くも主《あるじ》の刀自《とじ》の饗応《あるじ》ぶり　蜆《しじみ》に哺《ほじし》鹿尾菜《ひじき》薑《はじかみ》

荒涼《すきまじ》き飃《つむじ》に蹂《にじ》り折《くじ》かるる　櫨《はじ》も躑躅《つつじ》も同じ仮名なり

著《いちじる》く辱《かたじけ》なきに桟敷《さじき》にて　呪詛《かじ》く聖《ひじり》の御籤《みくじ》禁厭《まじなひ》

雉《きじ》羊《ひつじ》匙《さじ》に鏃《やじり》に蛆《うじ》狢《むじな》　項《うなじ》の廻毛《つむじ》又は眦《まなじり》

大連《おほむらじ》詰《なじ》り辟易《まじろぎ》たじろぎて　辻《つじ》に縮《しじ》むも同じ仮名なり

此の外は紅葉《もみぢ》紫陽花《あぢさゐ》藤《ふぢ》なども　皆ち―の濁る仮名と知れかし

【ず・づ】

すーとつーとは濁る言葉の紛るれば　すーのかたのみを志るし置くなり

ずの仮名は老いず死なずのずー文字より　矢筈《やはず》鳴る鈴《すず》金物の錫《すず》

準《なずら》へて鼠雀《ねずみすずめ》に鵙鱸《もずすずき》　蚯蚓《みみず》の数《かず》もずーの仮名ぞかし

彷徨《たたず》めば漫《すず》ろに涼《すず》し葛唐棣花《くずはねず》　髻華《うず》疵《きず》なども同じ仮名なり

この外は渦《うづ》巻《ま》く水《みづ》の鯰《なまづ》など　皆つーの濁る仮名と知れかし

耳遠きふる言の葉は此の歌に　省けるものもありと志れかし

〔整理問題〕

【問一】つぎの新かなの文を歴史的かなづかひに直してみませう。

① おいでいただきありがとうぞんじます。
② ご入学おめでとうございます。
③ みなさまおそろいでいらっしゃいませ。
④ 近々お会いしとうぞんじます。
⑤ ご機嫌うるわしゅうおすごしのことと思います。

【問二】つぎの五題は十返舎一九《じっぺんしゃいっく》の『東海道中膝栗毛』からとつたものです。ずいぶん勝手なかなづかひで、歴史的かなづかひからは大きくはづれてゐます。直してみてください。

① したぢがすこしあらば、どふぞかしておくんなせへ。

②　耳の際の痰瘤《たんこぶ》がもふちつとちいさいと、妾にでも出て支度金をとろふものを。
③　ヲヤばからしゐ。どふしたのだへ。
④　こうばかし申しては合点がまいるまい。
⑤　ハアなるほどそふおつしやればきこへましたが、しかしそれはおめへさまのほうの得手勝手。

【解答 一】

①　おいでいただきありがたうぞんじます。
②　ご入学おめでたうございます。
③　みなさまおそろひでいらつしやいませ。
④　近々お会ひしたうぞんじます。
⑤　ご機嫌うるはしうおすごしのことと思ひます。

【解答 二】

① したぢがすこしあらば、どうぞかしておくんなせえ。

② 耳の際の痰瘤がもうちっとちひさいと、妾にでも出て支度金をとらうものを。

③ おや、ばからしい。どうしたのだえ。

④ かうばかし申しては合点がまゐるまい。

⑤ はあ、なるほどさうおっしやればきこえましたが、しかしそれはおめえさまのはうの得手勝手。

〔仕上げ問題〕

つぎの表音表記の文を歴史的かなづかひに直してみませう。

① ユーベカラドーモサビシューテカナワン
② ソレワトリモナオサズワガネゴーテオルトコロノモノジャ
③ カワイラシューオーキクオナリニナッタモノヨノー
④ モズモスズメモオイラニワワカラン。オシエラレレバソーカトユーバカリダ
⑤ カナラズアワテルデナイゾ。ココロシズカニジットミスエルノジャ
⑥ ヨーヨーハルメイテマイリマシタ。オスコヤカニオイデノコトデショー
⑦ サキゴロノジシンノニュースニワオドロキイリソーローー。ゴイチドー

⑧ イカガトアンジオリソーロートコロオソロイゴブジトノオモムキアン
ドイタシソーロー
⑨ ドーゾオカラダオオイトイクダサイマスヨーニ
⑩ アラトートアオバワカバノヒノヒカリ
アマツカゼクモノカヨイジフキトジヨオトメノスガタシバシトドメン

【解答】（傍線部、特に注意）
① ゆうべ（昨夜）からどうも淋しうてかなはん
② それはとりもなほさず我がねがうてをるところのものぢや
③ かはいらしうおほきくおなりになつたものよなう
④ もずもすずめもおいらにはわからん。をしへられればさうかといふば
かりだ
⑤ かならずあわてるでないぞ。心しづかにじつと見すゑるのぢや

⑥ やうやう春めいてまゐりました。お健やかにおいでのことでせう

⑦ さきごろの地震《ぢしん》のニュースには驚き入り候《さうらふ》。ご一同いかがと案じをり候ところお揃ひご無事とのおもむき安堵いたし候

⑧ どうぞお体をおいとひくださいますやうに

⑨ あらたふとあをばわかばの日の光

⑩ 天つ風雲のかよひぢ吹きとぢよをとめのすがたしばしとどめむ

どうだつたでせう。かういふものが自由にできれば、あなたはメールや日記どころではない、和歌・俳句だらうが時代小説だらうが、あるいは能・歌舞伎の脚本だらうが、なんでもござれといふことになるのです。どうせなら歌舞伎の脚本など、ひとついかがですか。

〔質問箱〕

問1　歴史的かなづかひはいつごろできたのですか？

答　これは案外にむづかしい質問です。定義にもよりますが、要するに日本人が文字を書き出して以来、歴史的に形成され、整備され、普及し、安定したもの、といつていいでせう。

古事記・万葉のころの人ももちろん鋭く意識してゐましたが、それは別として学問的に整備しようとした人を挙げれば、古くは藤原定家の研究、また江戸時代の学者僧契沖の研究、また本居宣長ほか国学者たちの研究、など無数のすぐれた業績があつてととのへられて来たものです。

それらのあひだには当然学説上の相違もあつたし、江戸時代までの文筆家にはあまり気にしない人も多かつたので混乱もあつたわけですが、明治以後の一般教育の普及にともなつて、安定した形で一般にも用ゐられるやうになりました。

明治時代にはかなづかひの「改良」運動が盛んでしたから、教科書で使ふかなづかひにも混乱が生じたりしましたが、私たちがふつう歴史的かなづかひとか旧かなとかいつてゐる標準的・規範的な意味でのかなづかひは、明治時代以降の普通教育で、教科書に用ゐられて定着したものです。ただ漢字の字音かなづかひについては明治三十七年から明治四十一年まで「棒引き仮名遣」（遠方は「えんぽー」、蒸気は「じょーき」などとする）といふ特殊な表記が行はれたので、その数年間はやや変則でした。

問2　新かなはいつからのものですか？

答　これは「現代かなづかい」といふ名で、昭和二十一年十一月十六日、内閣告示第三十三号で公布されたものが基本となつてゐます。

その後昭和六十一年七月一日には内閣告示第一号「現代仮名遣い」が公布され、前のものは廃止されましたが、具体的内容はほとんどちがひません。ただ、歴史的かなづかひの有用であること、尊重すべきことをわざわざ「前書き」でうたつたのが注目されます。

問3 「一日」「ついたち」とはふしぎな読みかたです。「一」を「つい」と読むのですか?

答 たしかにふしぎな読みかたです。しかしこれがわが国の誇る訓読の妙手といふものです。これは実は「月、立ち」です。むかしは月齢をもととした暦でしたから毎月の初めは籠《こも》つてゐた月が出はじめる日である。つまり「月の立つ日」である。すなはち「つき、たち」。

この「つき」が発音しやすいやうに「つい」と変化する。これが音便で、発音どほり「い」と書くといふ次第です。「一」の字をツイと読んでゐるわけではありません。漢字で意味を表して言葉としては日本語で読むのです。だから朔の字をツイタチと読むこともあります。

同じやうなことは私たちはさかんにやつてゐますね。松明《たいまつ》、まさか松をタイと読んでゐるわけぢやない。これは「焚《た》き、松」の音便です。「焚き松の明かり」だから「松明」。「啄《ついば》む」は「突き、食《は》む」です。「笄《かうがい》」は「髪、掻き」、「刃《やいば》」は「焼き、刃」、「次いで」は「次ぎ、て」といふ次第。

問4　芭蕉の「衰《おとろ》ひや歯に食ひあてし海苔の砂」はいい句と思ひますが、「衰ひ」といふ語は耳慣れないのですが。

答　たしかに「衰ひ」はほんたうは変で、「衰へ」とあるべきでせう。ただ名詞の「衰へ」は「衰ひ」に変化した用例も江戸時代には少しあるやうです。オトロエといふ発音にある一種の締まりなさが嫌はれたのかもしれません。四段に活用したといふわけではありません。

いふまでもありませんが、われわれがやつたらそれはただのまちがひ、不注意ですよ。

問5　五八ページに「革命ちょうショパンの曲」はなんのことかわからないといふ指摘がありました。これは「革命といふ（名の）ショパンの曲」の意味ではありませんか？

答　そのとほりでせう。壬生忠見《みぶのただみ》の有名な歌に「恋すてふ我が名はまだき立ちにけり人知れずこそ思ひそめしか」がありますね。これは「恋をしてゐるといふ私の噂が」といつた意味です。「てふ」は「といふ」の意味で平安時代に使はれました。発音はチョーです。ほかに「とふ」「ちふ」といつた形もあります。発音はそれぞれトー、チューとなります。

つまり「ちょう」といふのはこの「てふ」の発音を写したものです。「ちょう」といふ語があるのではありません。意味がわからないといふのでたとへば『岩波国語辞典』を引いてもそんな語は出てゐません。ないのですから。

ところが「てふ」なら出てゐます。この辞典は現代語を中心としたものですが「てふ」なら出てゐて「という」の意味だとある。つまり「ちょう」では調べやうもないことになります。あなたが意味の見当がついたのは、平安時代の古語に「てふ」があつて、これはチョーに近い発音だといふことを知つてゐたからで、たまたまそれを知らなかつたらお手上げです。

古語を新かなでやることは不可能であることがよくわかる例です。

問6 **六二ページに引かれた投書文の中に、「(萩野は)カナはあくまで仮名であつて真名《まな》ではないことを忘れてゐるのではないか」とありますが、**

これはどういふ意味ですか?

答　仮名といふのは表音文字ですから、ひとつひとつ取り上げれば意味はありませんね。漢字（真名）ならば一字一字に意味があります。ところが私は旧かなで書くことによつて意味が弁別できると言ひました。そこでこんな質問（攻撃?）が出て来たわけです。

　この人が誤解してゐるのは、意味を表す文字は表意文字である漢字（真名）だけだと思つてゐる点にあります。

　仮名はたしかに基本的に表音文字ですが、語には綴り、スペリングといふものがありますからかなの語も意味を表すことは当然できます。問題になつてゐる「いる」でも、もし「ゐる」なら「居る」「率る」のどちらかだらうと見当がつく。ところが新かな「いる」では無数の意味が考へられます。『広辞苑』に挙げられてゐるものだけでも、入る、要る、煎る、炒る、熬る、る、沃る、居る、射る、率る、将る、鑄る、などです。そのほかにも焦る、熟るなどもある。

「はからう」などはもし旧かなならば、一応、計る、図る、謀るといつたことを「しよう」の意味だらうと見当がつく。ところが新かなだとこれは「計らふ」の意味かもしれない。つまりはかなの語にも意味があるのであつて、こんなことは当然のことです。

表音文字では意味が表せないなどといつたら、英語フランス語はじめヨーロッパの言語はほとんどはつきりした意味は表せないことになつてしまふでせう。

問7　六九ページに引用された投書に、小説とはちがつて詩歌では語感がだいじだから旧かなにすべきだといふ意味の記述があるやうですが、小説では関係ないのですか?

答　これは投書者の田島さんのちよつとした勇み足でせう。小説だらうが論文だらうが語感や色合ひ、ひびきがだいじなのは言ふまでもないことです。ただ詩歌はその度合ひが高いと言つていいのではないでせうか。

問8　ハ行音はやはらかだといふことですが、たとへば同じイ音でも「ゐ」と

「ひ」では発音がちがふのですか？

答　現代かなづかひはこれがまつたく同じだとする前提で組み立てられてゐますが実はちがひます。たとへば「買ひ物」「あゐ染め」ではイの部分の発音がちがひませんか。「君は」と「ひびわれ」ではワ音がちがひませんか。これは言語学で使ふ音声記号でも別々に表す音で、ワ行では硬く強い明瞭な音になります。ハ行文字はほとんどあるかなきかに発音することがたいていの場合許される。といふよりその方が品のよい発音とされます。

問9　形式動詞、補助動詞を使つた句は古典にはほとんどないといふことですが、その珍しいものの例にはどんなものがありますか？

答　ちよつと意地悪な質問ですね。ところで芭蕉などでは思ひつきませんがもちろん探せばそれはあるでせう。古典にもけつしてないことはありません。大島蓼太《れうた》の門人で大伴大江丸といふ俳人がありますが、小林一茶を見送る折に、

雁はまだ落ちついてゐるに御かへりか

といふ句を詠んでゐます。ユーモラスでからかふやうな句です。また芭蕉の門人各務支考《かがみしかう》には、

梢まで来て居る秋の暑さ哉

があります。支考は蕉門の中で低俗といはれた人ですが、この句は傑作です。ところでこの「居る」は「居すわつてゐる」の意のやうでもあり、さうとすれば形式動詞ではありません。

問10　一一六ページに長塚節のこぼれ松葉の歌が引かれてゐて、松葉がどういふ状態にあるかを考へれば形式動詞ではないかもしれぬ、とあります。どう考へれば形式動詞で、どう取れば本動詞となるのですか？

答　この歌はきつと、こぼれた松葉が枯れ枝にへばりついたやうな様子を言つたものでせう。とすれば、「かかり」、そして「ゐる」わけですから本動詞です。ところがもし、いまはらはらと落ちかかりつつある状態をとらへたものとすれば、まさに現在進行形の「かかつてゐる」ですから形式動詞といふこと

になります。しかしさうではないと私は思ひます。

問11　一一八ページに齋藤茂吉の文章の引用があつて、その中に「三井氏はそれに服せない」とあります。この語法は変に感じましたが。

答　たしかに変です。「服することができない」の意味ならこれでもいいでせうが、ここは「服しない」の意ですから「服しない」がほんたうでせう。

文語では「服せず」となりますが、ここは文語文ではないので「ず」は使へない。かといつてサ行変格活用の口語語形もあまり使ひたくない。そこで文語未然形の「服せ」に口語助動詞「ない」をつけた、といふ事情です。口語への過渡期の現象といふべきでせう。まちがひと言つて責めるのは酷かと思ひます。「せねばならない」などといふ言ひかたも同じ事情で出てきたものです。

問12　一四九ページに、文語・口語は厳密には分けられないとして例が挙げられてゐますが、「汝姦淫するなかれ」などははつきり文語ではありませんか？

答　まあたしかに文語ですね。「浦吹く風のやむ時なかれ」などと万葉集にもあります。「無くあれ」の約《つづ》まつたものです。私が言ひたかつたのは、文語にはちがひないけれども現代にも十分に生きて働いてゐる、といふことです。

「事なかれ主義」なんて現代語もある。「立ち入るべからず」などもさういふ意味で挙げました。こんな言葉は口語文法の本にはけつして出てきませんが口語の世界で使ひます。

「対案を明示せよ」などとも言ひますが、「せよ」は文語です。口語では「しろ」です。

数学の試験では「つぎの等式を証明せよ」と言ふ。「証明しろ」とは言ひませんね。だからといつて「証明せよ」が古語だとは言ひ切れない。まさに現代に生きる現代語である、といふ意味で言ひました。

問13　**二一四ページで触れられてゐる「やう」と「よう」の使ひ分け、まだ不安です。もうすこし例を挙げて説明してください。**

答　まづ、和語である助動詞「よう」ですが、これは四段以外の動詞の未然形に付いて意志、意欲、推量、勧誘などの気持を表現するものです。動詞活用型の助動詞にも付きます。

〔意志・意欲〕　しっかり見ようと思ふ・独力で探して来《こ》よう・ああ眠い、もう寝よう・辛抱して続けようと思ふ・息子にやらせよう

〔推量・推測〕　行けようはずがない・まもなく判明しよう・事態はまもなく終息よう・対抗策が講じられよう

〔勧誘〕　さらに調査しよう・みんなで考へよう・駆けっこをしよう

「やう」と書くのは、これは漢字ならば「様」にあたる名詞ですから、ありかた・やりかた・方法・様態・型・法・てだて・手段などの意味を持つものなら「やう」となります。

逃れやうがない・見やうも知らぬ客・調べやうを考へろ・口の利きやうに気をつける・親のやうになれ・しやべらせやうもない

だいたいこんなところでせう。

同じ「見ヨー」でも見たい、見るつもりだ、一緒に見ようではないか、き

つと見るだらう、といつた意味のときは「見よう」となり、見方、見るさま、見るてだての意味のときは「見やう」となる、といふわけです。

同じ「ショー」でも、俺の意志でやるのだといふときは「俺がしよう」、どうにも仕様がない、いたしかたがないといふときは「しやうがない」となります。

なほ、「やう」は、うしろに指定の助動詞「だ」が付いて「やうだ」といふ新しい助動詞が成立してゐます。ですからこの「だ」の変化に従つて、

そのやうだらう（未然形）
そのやうだつた（連用形）
そのやうである（〃）
そのやうにせよ（〃）
そのやうだ（終止形）
そのやうな（連体形）
そのやうなら（仮定形）

と使ひます。

ついでながら「さう」もこれとまつたく同様に、「だ」が付いて「さうだ」といふ助動詞が成立してゐます。出来さうだらう、出来さうだつた、出来さうである、出来さうになる、出来さうだ、出来さうな、出来さうなら、となります。

問14　**「明《あか》う見えて」といふ具合に音便の場合、語幹はかならず残すといふことですが、オハヨウ、オメデトウ、アリガトウ、なども やはり同じですか？**

答　もちろんさうです。

オハヨウは「早《はや》うござる」「お早《はや》うございます」、つまり「はやく」といふ形容詞の音便ですから、語幹「はや」の部分は頑固に残ります。

おはやう

となる。ほかも同様、「めでたく」の音便で「めでたう」、「ありがたく」の音便で「ありがたう」となります。なほ二三五～二三四一ページもよく見てください。

附録　活用表自由自在

「花散る」百態

春になると花が咲きます。いや桜の話です。さて咲けば散ります。私たちはそれを表現しようとしますが、いつもただ「咲く」「散る」とばかりではない。咲かない、咲くまい、咲くだらう、咲くだらうか、咲いただらう、咲いてくれ、咲かないでくれ、等々、いろいろな感情をこめてこれを表現しようとします。散るな、散らないでほしい、散つてゐるだらう、散つただらう、散つてしまつた、などとも言ひたいことがある。

もちろんこれらには文語・古語の言ひかたがあります。「散らない」なら「散らず」であり、「散つてゐるだらう」ならば「散るらむ」といふわけです。

これらの判断なり感情なりは、助動詞でかなり表現できますがそのほかにもいろいろある。とても網羅することはできませんが、なるべくたくさんの言ひかたを挙げてみませう。

おもに「散る」といふ動詞を中心にしてならべます。これは四段活用の動詞なので、語尾は、

未然	連用	終止	連体	已然	命令
ら	り	る	る	れ	れ

となります。「咲く」なら、

か	き	く	く	け	け

です。これを頭に置いた上で見ていきませう。助動詞には傍線を付しました。

花散らず　花散らない

花咲かずば
花散らねば
花散らでやはあらむ
花散らむ
花散らす
花散らしむ
花散らじ
花散らむず
花散らざらましを
花や咲かまし
花散らば
花散らなむ
花散らふ
花散らざり

花が咲かないなら
花が散らないので
花が散らないままでゐようか、散るのだ
花が散るだらう・花が散らう
花を散らす・散らせる
花を散らす・散らせる
花、散るまい
花が散らうとしてゐる
花は散らなければよいのになあ
花が咲くだらうか、いや咲くまい
花が散るなら
花は散つてくれ
花が散りつづけ散り広がる
花は散らない

花散らざらなむ　　花散らないでくれ
花散らむや　　花は散るだろうか、いや散らない
花散らましかば　　花がかりに散るものならば
花や散らまし　　花は散るだろうか、いや散らないだろう
花こそ散らめ　　花はなるほど散るだろうが
花散らめや　　花は散るだろうか、いや散らないにちがひない

「散る」の未然形から続くのはだいたいこんなものです。もちろんたとへば「花散らむ」ひとつにしても、この「む」はいろいろ変化する助動詞ですから、

花散らむに　　花は散るだらうに
花散らめども　　花は散るだらうけれども
花散らめば　　花は散るだらうから

などいろいろのバリエーションは生じてきます。

右の例の中に「花散らふ」がありますが、この「ふ」は接尾語として処理されることもある語で、空間的・時間的な広がりを感じさせる語です。花がはら、はら、はらはらと散りつづけ、散りしきりまた散りなづみ、ときに風に乗って野山に広く散りわたり、といった感じを表現する味の深い語です。「霧《き》る」などにも付いて「霧らふ」ともなる。広くぼおっと霧りわたる感じです。そのほか「呼《よ》ばふ・住《す》まふ・靡《なび》かふ・笑《ゑ》まふ・語《かた》らふ・嘆《なげ》かふ」などたくさんあります。発音は、チロー、キロー、ヨボー、スモー以下となります。しかし常に語源意識がはたらくので、連用形はけつしてチロイ、キロイなどとはならず、チライ・キライ・ヨバイ・スマイといふ発音になります。

花散りて　　花が散って
花散りき|　　花が散った
花や散りし|　　花は散ったか

花散りしか
花散りしかば
花散りしかど
花こそ散りしか
花散りけり
花散りにけり
花咲きにけり
花散りぬ
花散りぬべし
花散りぬらし
花散りたり
花散りつる枝
花散りけむ
花こそ散りけめ

花は散つたか
花が散つたので
花は散つたけれど
花はなるほど散りはしたが
花は散つたことだ
花は散つてしまつたことだ
花がすつかり咲いたことだよ
花が散つてしまつた（状態にある）
花が散つてしまふにちがひない
花が散つてしまつたやうだ
花が散つた（状態にある）
花が散つてしまつてゐる枝
花は散つたであらう
花はたしかに散つたであらうが

花散りね　花よ散ってしまへ
花散りなむ　花が散ってしまふだらう
花散りそ　花、散るな
花な散りそ　花よ散るな
花な散りそね　花よ、散らないでくれ
花散りもやする　花が散るのではないか
花散りもやしけむ　花が散ってしまったのでもあるまいか

花散るべし　花は散るであらう・花は散るはずである
花散るらし　花は散ってゐるやうだ・花は散ってゐるらしい
花散るらむ　花はいまごろ散ってゐることだらう
花の散るらむ枝　花の散るやうな枝
花散るなり　花が散ってゐるやうだ・花が散るのである
花の咲くなる里　花が咲いてゐるといふ里

花散るまじ――　花は散らないだらう
花散るごとし――　あたかも花の散るかのごとくだ
　　花が散つてゐるのであらう
花散れり―　花が散つてしまつた（状態にある）

ざつと右の諸例を一応の目安としてください。複雑なことを言はうとするときの正確な接続法については、やはり文法書などにあたつた方がよいでせう。散つてしまふはずだとは思ふのだけれど、なんてことを言はうとしたら、まづ、

散る
ぬ（てしまふ）
べし（のはずだ）
ども（のだが）

とでも並べてみて、「散り」「ぬ」「べけれ」「ども」とつなげることになります。もつともこんなごたごたした表現は和歌・俳句ではとても使へませんね。「散らめど」ぐらゐのところでせうか。

ところで右に示したのは助動詞の全部ではありません。例に使つた語が「咲く」と「散る」だつたので、意味の上からつながりにくい助動詞もあるからです。

たとへば受身・可能・自発・尊敬の助動詞「る・らる」「ゆ・らゆ」などは「咲く・散る」には続きません。まさか桜に敬語を使つて「咲かる」でもないでせう。また尊敬の「す」も付かない。付くのはほかの動詞です。

いでむつかしき事な聞えられ給ひそ
(尊敬・源氏物語・いやもうめんだうなことは申し上げなさらないでください)

小山田の庵ちかく鳴く鹿の音におどろかされて驚かすかな（受身・新古今集・西行）

大方は家居にこそことざまはおしはかられ（可能・徒然草）

などといふわけです。

また希望を表す助動詞「まほし」といふのがありますが、これは自分の、つまり表現者自身の希望を表しますから、「咲かまほし」といふ具合にはならない。話し手は花ではありませんからね。もちろん可憐なスミレの精かなにかが主人公のメルヘンなどだつたらそれは可能でせうが。

へたな表現ながら「咲きてあらまほし」とは言へることになります。「花咲く庭にてもあらまほしけれどあさましう荒れもてゆきて――」といつた文脈ならいいかもしれませんね。

このやうにいろいろと細かいことはありますが、まづは言ひたいこと、表現したいことがらをしつかり頭の中に浮かべ切るといふことが作句の条件です。その上で、それを正確に表現するために、付録にした一覧表で確かめてみるといふくらゐの労はとらなくてはならないでせう。

もつとも、これもまたさうとは限らないことで、たとへば「風立ちぬ」とか「しほさゐ」とか「逆白波《さかしらなみ》」とか「別れて生きる時も」とか「故旧忘れ得べき」とか、なにかある文句が頭に浮かんで、その文句をもとに想像をふくらませて作品ができあがるといふこともあります。いや私ではなく、優れた文学者にはあるやうです。いま挙げたのがさうだといふのではありませんが。

まあいづれにせよ、「表現」に係はらうとする人にとつて、言葉に絶えず感覚を研いでおくことだけは必要でせう。

活用表の見方

三二三ページ以下の助動詞活用表の見かたについて簡単にふれておきます。

いちばん上の網かけ部分に「未然形」「連用形」以下並んでゐますが、これは助動詞の上にくる動詞・形容詞・助動詞などがどんな形をとるのかを示したものです。

たとへば打消の「ず」について見ませうか。「ず」に続くのは、

読まず
流れず
早からず
見られず

といふやうに「読む」の未然形「よま」、「流る」の未然形「流れ」、形容詞「早し」の未然形「早から」、助動詞「らる」の未然形「られ」であることを示したものです。

つぎの「主な意味」の欄には「打消（……ナイ）」とありますが、これは

「……ない」と訳せる語である、つまり「打消」の意味だといふことです。「打消」といふ言葉はべつに「打消」でなくとも「否定」でも「否《いな》び」でもいいはずですがこれは慣例です。かならず「うちけし」と言ひます。

つぎはその語の意味用法の変化に応じた変化形態です。これが「活用」です。「活用」といふ言葉も考へてみれば変なもので、私たちはふつう「こんどの休暇を活用して」といふ具合に使ひますから、「語形変化」でも「変容」でもよささうなものですがこれも歴史的に慣例となつてゐます。「装《よそひ》」とか「活《はたらき》」とかの言ひ方もありましたが、本居宣長も「活用《くわつよう》」といふ言葉を使つてゐます。

動詞にしても助動詞にしても、未然形から命令形まで何度も口に出して唱へてみて、口癖のやうにしておくと非常に便利なものです。ぜひ練習してください。「ず」の場合は上から順序に、

ず・ず・ず・ぬ・ね・ざれ

とおぼえ、つぎに、

ざら・ざり・ず・ざる・ざれ・ざれ

とおぼえます。ず・ざら・ず・ざりなんてやつたらいけませんよ。かならず混乱しますから。

過去の「き」だつたら「せ・マル・き・し・しか」とおぼえるのが要領です。「る」ならば「れ・れ・る・るる・るれ・れよ」となつてゐて、動詞の下二段型と一致してゐますからごくおぼえやすいはずです。

さてその活用図の下に「活用の型」の欄がありますが、これは文字どほり「型」で、動詞や形容詞のどの型に似てゐるかを示したものです。「る」などは完全な下二段型ですが、たとへば「けり」などは「ラ変型」ではあつても不完全な形をしてゐる。動詞のラ変は、

ら　り　り　る　れ　れ

ですが「けり」は、

けら　○　けり　ける　けれ　○

となつてゐる。二箇所も穴が空いてゐる。大むかしはあつたのかもしれませんが文献には用例が見当たらないといふ意味です。余談ながら「けり」の場合命令形はともかく連用形はあつたら便利だつたらうとも思ひます。たとへば「無くて」を過去形で表現したいときなどです。「無かりしかば」とは言へますが、これだとはつきり「無かつたものだから」の意味で、論理的な表現となりますが、もうすこし軽く「無かつた。それで」と言はうとするとその文法形式が無いのです。「無くて」のやうに「て」に簡単につながる形が無い。

　これは現代語でも同じで、いつだつたか女優の沢口靖子さんの談話を聞いてゐたら、「無かつた」と「て」を接続させて、

　　無かつて

と言つてゐるのには笑ひました。いや、バカにして笑つたのではありませんよ。なるほど困つちやふよな、と共感して笑つたのです。

それはともかくこの「活用の型」、おほよその「型」を示したものです。「ず」だの「き」だのはまつたく不規則なので「特殊型」としてあります。

いちばん下には「接続」の欄があります。「る・らる・す・さす」以下「まほし」までは上の欄の「接続・未然形」で大きく括られてゐますが、未然形ならなんでもいいといふのではなく、語によつて接続したりしなかつたりするので、それを細かく分けて表示したものです。

たとへば右端の「る」についてみると、接続は「四段・ナ変・ラ変の未然形」とあるので、たとへば「記《しる》す（四段）」「死ぬ（ナ変）」「をり（ラ変）」の未然形から接続して、

記されぬまま
死なれたるとき
控へをられよ

といふふうになる、といふことです。

右から二番目「らる」のところには、「右以外の動詞の未然形」とあるので、上一、上二、下一、下二、カ変、サ変の動詞についてその未然形から接続するといふことを言つてゐます。

着らる（上一）
閉ぢらる（上二）
蹴らる（下一）
奏でらる（下二）
来《こ》らる（カ変）
せらる（サ変）

となる、といふことです。

以下同様ですから、この活用表は大いにそれこそ「活用」してください。

〔動詞活用表〕

種類	語	語幹	語尾						他
			未然	連用	終止	連体	已然	命令	
四段	拾ふ 行く	ひろ ゆ	は か	ひ き	ふ く	ふ く	へ け	へ け	引く 言ふ 仰ぐ 飲む 匂ふ 育む
上一段	居る 射る	(ゐ) (い)	ゐ い	ゐ い	ゐる いる	ゐる いる	ゐれ いれ	ゐよ いよ	着る 干る 似る 煮る 見る 試みる
上二段	恥づ 伸ぶ 恋ふ	は の こ	ぢ び ひ	ぢ び ひ	づ ぶ ふ	づる ぶる ふる	づれ ぶれ ふれ	ぢよ びよ ひよ	過ぐ 強ふ 悔ゆ 起く 滅ぶ 閉づ 落つ 恨む 報ゆ
下一段	蹴る	(け)	け	け	ける	ける	けれ	けよ	
下二段	越ゆ 出づ 植う	こ い う	え で ゑ	え で ゑ	ゆ づ う	ゆる づる うる	ゆれ づれ うれ	えよ でよ ゑよ	得 混ず 燃ゆ 告ぐ 尋ぬ 晴る 寄す 考ふ 据う
ラ変	有り 居り	あ を	ら ら	り り	り り	る る	れ れ	れ れ	はべり
ナ変	死ぬ	し	な	に	ぬ	ぬる	ぬれ	ね	往ぬ
カ変	来	(く)	こ	き	く	くる	くれ	こよ	
サ変	為	(す)	せ	し	す	する	すれ	せよ	感ず 先んず
主な用法			ム・ズにつづく	タリにつづく	言ひ切る	トキにつづく	ドモ・バに	言ひ切る	

〔形容詞活用表〕

種類	語	語幹	語尾 未然	語尾 連用	語尾 終止	語尾 連体	語尾 已然	語尾 命令	他
ク活用	明し	あか	く から	く かり	し	き かる	けれ	かれ	たふとし めでたし はかなし 遠し すくなし よし
シク活用	美し	うつく	しく しから	しく しかり	し	しき しかる	しけれ	しかれ	いかめし わびし すさまじ 貧し うれし ゆゆし
主な用法			バ・ズに。 ムに。	テに。 ナルに。 キに。	言ひ切る	トキに。 ベシに。	ドモ・バに	言ひ切る	

〔助動詞活用表〕

接続	助動詞の種類	主な意味	未然形	連用形	終止形	連体形	已然形	命令形	活用の型	接続
未然形	受身・尊敬・可能・自発 る	受身(…レル、ラレル) 尊敬(オ…ニナル、…レル)	れ	れ	る	るる	るれ	れよ	下二段型	四段・ナ変・ラ変の未然形
	らる		られ	られ	らる	らるる	らるれ	られよ		右以外の動詞の未然形
	る	可能(…デキル、…レル) 自発(自然ニ……ト思ハレル)	れ	れ	る	るる	るれ	○		四段・ナ変・ラ変の未然形
	らる		られ	られ	らる	らるる	らるれ	○		右以外の動詞の未然形
	使役・尊敬 す	使役(…セル、…サセル) 尊敬(オ…ニナル、…レル)	せ	せ	す	する	すれ	せよ		四段・ナ変・ラ変の未然形
	さす		させ	させ	さす	さする	さすれ	させよ		右以外の動詞の未然形
	しむ		しめ	しめ	しむ	しむる	しむれ	しめよ		用言の未然形
	打消 ず	打消(…ナイ)	ず ざら	ず ざり	ず	ぬ ざる	ね ざれ	ざれ	特殊型	活用語の未然形
	打消推量 じ	打消推量(…ナイダラウ) 打消意志(…ナイツモリダ)	○	○	じ	(じ)	(じ)	○	不変化型	
	推量 む(ん)	推量(…ウ、…ダラウ)意志・希望(…ウ、…タイ)適当・勧誘(…ノガヨイ、…シマセンカ)仮定・婉曲(…トシタラ、…ノヤウナ)	(ま)	○	む〈ん〉	む〈ん〉	め	○	四段型	
	むず(んず)		○	○	むず〈んず〉	むずる〈んずる〉	むずれ〈んずれ〉	○	サ変型	
	まし	反実仮想(モシ…トシタラ…ダラウ)推量(…ウ、…ダラウ)意志・希望(…カシラ、…デキルナラ…タイ)	ましか (ませ)	○	まし	まし	ましか	○	特殊型	
	希望 まほし	希望(…タイ)	まほしく まほしから	まほしく まほしかり	まほし	まほしき まほしかる	まほしけれ	○	形容詞型	動詞と助動詞(す・さす・ぬ)の未然形

連用形	過去	き	過去(…タ)	(せ)	○	き	し	しか	○	特殊型	活用語の連用形(カ変・サ変には未然形にもつく)
連用形	過去	けり	過去(…タ、…タサウダ)詠嘆(…タナア、…コトヨ)	(けら)	○	けり	ける	けれ	○	ラ変型	活用語の連用形
連用形	完了	つ	完了(…タ、…シマフ)	て	て	つ	つる	つれ	てよ	下二段型	活用語の連用形
連用形	完了	ぬ	強意(キット……、タシカニ……)	な	に	ぬ	ぬる	ぬれ	ね	ナ変型	活用語の連用形
連用形	完了	たり	完了(…タ、)存続(…テヰル)	たら	たり	たり	たる	たれ	(たれ)	ラ変型	活用語の連用形
連用形	過去推量	けむ〈けん〉	過去推量(…タダラウ)過去の原因推量(ナゼ…タノダラウ)過去の伝聞(…タサウダ)過去の婉曲(…タヤウナ)	○	○	けむ〈けん〉	けむ〈けん〉	けめ	○	四段型	活用語の連用形
連用形	希望	たし	希望(…タイ)	たく たから	たく たかり	たし	たき	たけれ	○	形容詞型	動詞と助動詞(る・らる・す・さす)の連用形
終止形	推量	べし	推量(…ダラウ)意志(…ウ、…ツモリダ)適当・勧誘・命令(…ノガヨイ、…ヨウ、…セヨ)当然・義務(…ハズダ、…ベキダ)可能(…コトガデキル)	べく べから	べく べかり	べし	べき べかる	べけれ	○	形容詞型	活用語の終止形(ラ変型には連体形につく)※ラ変型——形容詞(カリ活用)・形容動詞・ラ変型活用の助動詞

接続	助動詞の種類		主な意味	未然形	連用形	終止形	連体形	已然形	命令形	活用の型
終止形	推量	らし	推定（…ラシイ、…ニチガヒナイ）	○	○	らし	らし（らしき）	らし	○	不変化型
終止形	推量	らむ〈らん〉	現在推量（今ゴロハ…シテヰルダラウ）現在の原因推量（ナゼ…ノダラウカ、…ダカラ…ノダラウ）現在の伝聞（…サウダ）現在の婉曲（…シテヰルヤウナ）	○	○	らむ〈らん〉	らむ〈らん〉	らめ	○	四段型
終止形	推量	めり	婉曲・推量（…ヤウダ）	○	（めり）	めり	める	めれ	○	ラ変型
終止形	伝聞・推定	なり	伝聞（…トイフ、…サウダ）推定（…ラシイ、…サウダ）	○	なり	なり	なる	なれ	○	ラ変型
終止形	打消推量	まじ	打消推量（…ナイダラウ）打消意志（…ナイツモリダ）打消当然・禁止（…ハズガナイ、…テハイケナイ）不可能（…デキサウニナイ）	まじく（まじから）	まじ まじかり	まじ	まじき まじかる	まじけれ	○	形容詞型

接続：活用語の終止形（ラ変型には連体形につく）

※ラ変型――形容詞（カリ活用）・形容動詞・ラ変型活用の助動詞

体言・連体形	断定	なり	断定（…ダ、…デアル）	なら	なり に	なり	なる	なれ	（なれ）	形容動詞型	体言と活用語の連体形
体言	断定	たり	断定（…ダ、…デアル）	たら	たり と	たり	たる	たれ	（たれ）	形容動詞型	体言
その他	完了	り	完了（…タ、…テシマッタ） 存続（…テヰル、…テアル）	ら	り	り	る	れ	（れ）	ラ変型	動詞サ変の未然形・四段の已然形（サ変・四段の命令形に接続するといふ説もある）
	比況	ごとし	比況（…ノヤウダ） 例示（…ノヤウダ、…ナド）	ごとく	ごとく	ごとし	ごとき	○	○	形容詞型	体言・用言の連体形・助詞（が・の）

かなづかひ対照表（新かな・旧かな）

〔注〕

◎かなづかひについて特に注意しておきたい語をとり上げた。もちろんまだ無数にあるので、一応の手引きにすぎない。排列は新かなによつた。

◎字音語はほんの数語にとどめた（有為、葡萄、桔梗、正月など）。漢字語を仮名で表記したいときはその都度調べてもらひたい。

◎動詞は原則として文語連用形の形で挙げた。最も多く使ふ形であり、またそのまま名詞でもあるので便宜だからである。たとへば「商ふ」は「あきなひ」の形で挙げたが、四段と示してあるので、終止形「商ふ」はすぐ見当がつくはずである。また「慌つ」は連用形「あわて」で挙げたが、これも下二段と示したので「あわつ」はすぐわかるはずである。

すこしでも迷つたときは活用表にあたればよい。

◎動詞は主に他動詞の形で挙げた。たとへば「揃《そろ》ふ」は「揃はズ・揃ひタリ・揃ふ」といふ四段活用の自動詞と、「揃へズ・揃へタリ・揃ふ」といふ下二段活用の他動詞とあるが、他動詞「そろへ」を挙げてある。活用語尾「へ」があるのでハ行動詞と知れるから、不便はないと思ふ。

◎「ついたち」などは「月、立ち」の「つき」が音便で「つい」となつたものだが、かういふ音便形はあまり挙げてゐない。「すいがい（透き垣）」「ついたて（衝き立て）」などだが、これらは音便であることが見当がつくはずだからである。

〔新かな〕　〔旧かな〕

【あ】

あい　あひ（相・間）
あい　あゐ（藍）
あい　あひ（会ひ・逢ひ・合ひ・遭ひ・遇ひ、四段）
あいだ　あひだ（間）
あえ　あへ（和へ、下二段）
あえぎ　あへぎ（喘ぎ、四段）
あお　あを（青・蒼・碧・襖）
あおぎ　あふぎ（扇ぎ・仰ぎ、四段）
あおり　あふり（煽り、四段）
あがない　あがなひ（贖ひ、四段）
あぎとい　あぎとひ（顎ひ・鰓ひ、四段）
あきない　あきなひ（商ひ、四段）
あこう　あかほ（赤穂）
あげつらい　あげつらひ（論ひ、四段）
あざない　あざなひ（綯ひ・糾ひ、四段）
あじわい　あぢはひ（味はひ、四段）
あずかり　あづかり（預り・与り、四段）
あずけ　あづけ（預け、下二段）
あずま　あづま（東・吾妻）
あずみ　あづみ（阿曇）
あたい　あたひ（価・値）
あたえ　あたへ（与へ、下二段）
あつかい　あつかひ（扱ひ、四段）
あやうし　あやふし（危ふし）
あらい　あらひ（洗ひ、四段）
あらがい　あらがひ（抗ひ、四段）
あらそい　あらそひ（争ひ、四段）
あらわれ　あらはれ（表れ・現れ・露れ・顕れ、下二段）
あるいは　あるいは（或いは）
あわ　あは（粟・阿波・安房）

あわ	**あわ**	（泡・沫）
あわい	**あはひ**	（間）
あわし	**あはし**	（淡し）
あわじ	**あはぢ**	（淡路）
あわせ	**あはせ**	（合せ・併せ、下二段）
あわせ	**あはせ**	（袷）
あわて	**あわて**	（慌て・惶て、下二段）
あわび	**あはび**	（鮑・鰒）
あわれ	**あはれ**	（哀れ・憐れ）

【い】

い	**い**	（五・胆・寝）
い	**ゐ**	（井・家・亥）
い	**い**	（射、ヤ行上一段）
い	**ゐ**	（居・率、ワ行上一段）
いい	**いい**	（良い・佳い）
いい	**いひ**	（言ひ・云ひ・曰ひ・道ひ・謂ひ、四段）
いい	**いひ**	（謂）
いえ	**いへ**	（家・宅）
いえ	**いえ**	（癒え、ヤ行下二段）
いお	**いほ**	（五百・庵）
いお	**いを**	（魚）
いおり	**いほり**	（庵）
いきおい	**いきほひ**	（勢ひ）
いきどおり	**いきどほり**	（憤り、四段）
いこい	**いこひ**	（憩ひ、四段）
いさかい	**いさかひ**	（諍ひ、四段）
いざない	**いざなひ**	（誘ひ、四段）
いしずえ	**いしずゑ**	（礎）
いじらし	**いぢらし**	
いじり	**いぢり**	（弄り、四段）
いずく	**いづく**	（何処）
いずこ	**いづこ**	（何処）
いずち	**いづち**	（何方）
いずみ	**いづみ**	（泉・和泉）

いずも　いづも（出雲）
いずれ　いづれ（何れ・孰れ）
いたずら　いたづら（徒ら・悪戯）
いたわり　いたはり（労り、四段）
いちょう　いちやう（いてふ）（銀杏）
いつわり　いつはり（偽り・詐り、四段）
いで　いで（出で、下二段）
いとい　いとひ（厭ひ、四段）
いとおし　いとほし（愛し）
いにしえ　いにしへ（古）
いのこ　ゐのこ（家）
いのしし　ゐのしし（猪）
います　います（在・坐、四段・下二段）
いまわし　いまはし（忌まはし）
いや　ゐや（礼）
いらえ　いらへ（答へ、下二段）
いる　いる（射る、ヤ行上一段）
いる　ゐる（居る・率る、ワ行上一段）
いわ　いは（岩・石・盤）
いわい　いはひ（祝ひ・齋ひ、四段）
いわお　いはほ（巌）
いわんや　いはむ（ん）や（況んや）

【う】

うい　うひ（初）
うい　うゐ（有為）
うえ　うへ（上）
うえ　うゑ（植ゑ・飢ゑ、ワ行下二段）
うお　うを（魚）
うがい　うがひ（嗽ひ、四段）
うかがい　うかがひ（伺ひ・窺ひ・覗ひ、四段）
うぐいす　うぐひす（鴬）
うけたまわり　うけたまはり（承り、四段）

うじ　うじ（蛆）
うしお　うしほ（潮）
うしない　うしなひ（失ひ、四段）
うじ　うぢ（氏・宇治）
うず　うづ（渦）
うずき　うづき（疼き、四段）
うずくまり　うづくまり（蹲り・踞り、四段）
うずめ　うづめ（埋め、下二段）
うずら　うづら（鶉）
うすらい　うすらひ（薄氷）
うたい　うたひ（歌ひ・唄ひ・謡ひ、謳ひ、四段）
うたがい　うたがひ（疑ひ、四段）
うったえ　うつたへ（訴へ、下二段）
うつろい　うつろひ（移ろひ・映ろひ、四段）
うつわ　うつは（器）
うなずき　うなづき（頷き、四段）

うばい　うばひ（奪ひ、四段）
うべない　うべなひ（肯ひ・諾ひ、四段）
うやまい　うやまひ（敬ひ、四段）
うらない　うらなひ（占ひ、四段）
うるおい　うるほひ（潤ひ、四段）
うれい　うれひ（憂ひ・愁ひ・患ひ、上二段）
うれえ　うれへ（憂へ・愁へ・患へ、下二段）
うろたえ　うろたへ（狼狽へ、下二段）
うわ　うは（上・表）
うわさ　うはさ（噂）

【え】

え　え（兄・江・柄）
え　ゑ（絵・餌）
え　へ（上・重）
え　え（得、ア行下二段）

えがき　ゑがき　(描き、四段)
えくぼ　ゑくぼ　(靨)
えぐり　ゑぐり　(抉り、四段)
えぞ　えぞ　(蝦夷)
えちご　ゑちご　(越後)
えまい　ゑまひ　(笑まひ、四段)
えみ　ゑみ　(笑み、四段)
えり　ゑり　(彫り、四段)

【お】

お　お　(御)
お　を　(男・雄・牡・夫・小・峰・尾・緒・魚・苧)
おい　おひ　(笈)
おい　をひ　(甥)
おい　おひ　(負ひ・追ひ、四段)
おい　おい　(老い、ヤ行上二段)
おい　おひ　(生ひ、上二段)

おうぎ　あふぎ　(扇ぎ、四段)
おうち　あふち　(樗・楝)
おうな　おうな　(老女・媼・嫗)
おうな　をうな　(女)
おうみ　あふみ　(近江・淡海)
おえ　をへ　(終へ、下二段)
おおい　おほひ　(覆ひ・被ひ・蔽ひ、四段)
おおかみ　おほかみ　(狼)
おおき　おほき　(大き)
おおきみ　おほきみ　(大君・王)
おおし　おほし　(多し)
おおし　ををし　(雄々し)
おおし　おほし　(生し、四段)
おおじ　おほぢ　(大路・祖父)
おおせ　おほせ　(果せ、下二段)
おおせ　おほせ　(仰せ、下二段)
おおばこ　おほばこ　(車前草)

おおむね　**おほむね**　（概ね）
おおやけ　**おほやけ**　（公）
おか　**をか**　（丘・岡・陵・陸・邱・阜）
おかし　**をかし**　（可笑し）
おかし　**をかし**　（犯し・侵し・冒し、四段）
おがみ　**をがみ**　（拝み、四段）
おぎ　**をぎ**　（荻）
おぎない　**おぎなひ**　（補ひ、四段）
おけ　**をけ**　（桶・麻笥・槽）
おこ　**をこ**　（痴・烏滸・尾籠）
おさ　**をさ**　（長・筬・訳語）
おさえ　**おさへ**　（抑へ・押へ、下二段）
おさない　**をさない**　（幼児）
おさなし　**をさなし**　（幼し・稚し）
おさめ　**をさめ**　（納め・収め・修め・治め、下二段）
おし　**をし**　（鴛鴦）

おし　**をし**　（食し、四段）
おし　**をし**　（惜し・愛し）
おじ　**をぢ**　（伯父・叔父・小父・老翁）
おじ　**をぢ**　（怖ぢ、上二段）
おしえ　**をしへ**　（教へ、下二段）
おそい　**おそひ**　（襲ひ、四段）
おち　**をち**　（変若）
おち　**をち**　（若ち、上二段）
おちかた　**をちかた**　（遠方）
おとがい　**おとがひ**　（頤）
おとこ　**をとこ**　（男）
おどし　**をどし**　（縅し、四段）
おとずれ　**おとづれ**　（訪れ、下二段）
おととい　**をととひ**　（一昨日）
おととし　**をととし**　（一昨年）
おとない　**おとなひ**　（訪ひ、四段）
おとめ　**をとめ**　（少女・乙女）

おどり　**をどり**（踊り・躍り、四段）
おとろえ　**おとろへ**（衰へ、下二段）
おの　**をの**（斧・小野）
おのこ　**をのこ**（男子）
おのずから　**おのづから**（自づから）
おののき　**をののき**（戦き、四段）
おば　**をば**（伯叔母・小母）
おば　**おば**（姨・媼・老婆）
おぼえ　**おぼえ**（覚え、ヤ行二段）
おみな　**をみな**（女）
おみなえし　**をみなへし**（女郎花）
おもい　**おもひ**（思ひ・想ひ、四段）
おり　**おり**（下り・織り、四段）
おり　**をり**（檻）
おり　**をり**（折り、四段）
おり　**をり**（居り、ラ行変格）
おろがみ　**をろがみ**（拝み、四段）

おわす　**おはす**（御座・座・在、四段・下二段）
おわり　**をはり**（終り・了り・卒り・畢り、四段）
おんな　**をんな**（女）

【か】

かい　**かい**（櫂）
かい　**かひ**（交・貝・峡・匙・甲斐）
かい　**かひ**（買ひ・飼ひ・支ひ、四段）
かいこ　**かひこ**（蚕）
かいな　**かひな**（腕）
かえ　**かへ**（変へ・代へ・替へ・換へ・交へ、下二段）
かえり　**かへり**（帰り・反り、四段）
かえる　**かへる**（蛙）
かお　**かほ**（顔・貌）

かおり　**かをり**（薫り・香り、四段）
かかえ　**かかへ**（抱へ、下二段）
かかずらい　**かかづらひ**（拘ひ、四段）
かぎろい　**かぎろひ**（陽炎）
かぐわし　**かぐはし**（芳し・馨し）
かけい　**かけひ**（筧・懸・樋）
かげろう　**かげろふ**（陽炎・蜉蝣・蜻蛉）
かこい　**かこひ**（囲ひ、四段）
かじ　**かぢ**（鍛冶・梶・舵・楫）
かしわ　**かしは**（柏・槲）
かずき　**かづき**（被き・潜き、四段）
かずけ　**かづけ**（被け、下二段）
かずさ　**かづさ**（上総）
かずら　**かづら**（葛・鬘）
かぞえ　**かぞへ**（数へ、下二段）
かたい　**かたゐ**（乞食・乞丐）
かたわら　**かたはら**（傍・旁・側）
かつえ　**かつゑ**（飢ゑ、ワ行下二段）

かない　**かなひ**（叶ひ・適ひ・敵ひ、四段）
かなえ　**かなへ**（鼎）
かばい　**かばひ**（庇ひ、四段）
かまい　**かまひ**（構ふ、四段）
かまえ　**かまへ**（構へ、下二段）
かよい　**かよひ**（通ひ、四段）
かりゅうど　**かりうど**（狩人）
かれい　**かれひ**（鰈）
かろうじて　**からうじて**（辛うじて）
かわ　**かは**（川・河・皮・革）
かわき　**かわき**（渇き・乾き、四段）
かわし　**かはし**（交し、四段）
かわず　**かはづ**（蛙）
かわち　**かはち**（河内）
かわや　**かはや**（厠）
かわら　**かはら**（川原・瓦）

かわり　**かはり**　（変り・代り・替り、四段）
かんがえ　**かんがへ**　（考へ、下二段）

【き】

きおい　**きほひ**　（勢ひ、四段）
ききょう　**ききやう**　（桔梗）
きずき　**きづき**　（築き、四段）
きずな　**きづな**　（絆）
きたえ　**きたへ**　（鍛へ、下二段）
きのう　**きのふ**　（昨日）
きゅうり　**きうり**　（胡瓜）
きょう　**けふ**　（今日）
きらい　**きらひ**　（嫌ひ、四段）
きわ　**きは**　（際）
きわめ　**きはめ**　（極め・究め、下二段）

【く】

くい　**くひ**　（杙・杭）
くい　**くい**　（悔い、ヤ行上二段）
くい　**くひ**　（食ひ、四段）
くえ　**くえ**　（崩え、ヤ行下二段）
くじ　**くじ**　（籤）
くしけずり　**くしけづり**　（梳り、四段）
くず　**くず**　（葛）
くじら　**くぢら**　（鯨）
くず　**くづ**　（屑）
くずおれ　**くづほれ**　（崩れ、下二段）
くずれ　**くづれ**　（崩れ、下二段）
くちなわ　**くちなは**　（蛇）
くつがえり　**くつがへり**　（覆り、四段）
くもい　**くもゐ**　（雲居）
くらい　**くらゐ**　（位）
くらい　**くらひ**　（食ひ・喰ひ、四段）
くるい　**くるひ**　（狂ひ、四段）
くるおし　**くるほし**　（狂ほし）
くれない　**くれなゐ**　（紅）

くわ　くは　（桑・鍬）
くわえ　くはへ　（加へ、下二段）
くわし　くはし　（詳し・委し・麗し）
くわだて　くはだて　（企て、下二段）

【け】

けじめ　けぢめ
けずり　けづり　（削り、四段）
けわい　けはひ　（化粧）
けわし　けはし　（険し）

【こ】

こい　こひ　（鯉）
こい　こひ　（乞ひ、四段）
こい　こひ　（恋ひ、上二段）
こう　かう　（斯う・このやうに）
こうじ　かうじ　（麹）
こうじ　こうぢ　（小路）
こうずけ　かうづけ　（上野）

こうち　かふち　（河内）
こうばし　かうばし　（香ばし・芳ばし）
こうぶり　かうぶり　（冠）
こうべ　かうべ　（頭）
こうむり　かうむり　（被り・蒙り、四段）
こうもり　かうもり　（蝙蝠）
こえ　こゑ　（声）
こえ　こえ　（越え・肥え、ヤ行下二段）
こおり　こほり　（氷り・凍り、四段）
こおろぎ　こほろぎ　（蟋蟀）
こしらえ　こしらへ　（拵へ、下二段）
こずえ　こずゑ　（梢・木末）
こたえ　こたへ　（答へ、下二段）
こだわり　こだはり　（拘り、四段）
ことわり　ことわり　（断り）
こらえ　こらへ　（堪へ、下二段）
こわね　こわね　（声音）

こわし　**こはし**　(恐し・怖し・剛し・強し)
こわし　**こはし**　(壊し、四段)

【さ】

さいわい　**さいはひ**　(幸ひ、四段)
さえ　**さえ**　(冴え、ヤ行二段)
さえ　**さへ**　(助詞の)
さえぎり　**さへぎり**　(遮り、四段)
さえずり　**さへづり**　(囀り、四段)
さお　**さを**　(竿・棹)
さかい　**さかひ**　(境。境ひ、四段)
さかずき　**さかづき**　(盃・杯・巵・盞)
さからい　**さからひ**　(逆ひ、四段)
ささえ　**ささへ**　(支へ、下二段)
さじ　**さじ**　(匙)
さずかり　**さづかり**　(授かり、四段)
さずけ　**さづけ**　(授け、下二段)
さすらい　**さすらひ**　(流離ひ、四段)
さそい　**さそひ**　(誘ひ、四段)
さまよい　**さまよひ**　(彷徨ひ、四段)
さらい　**さらひ**　(浚ひ・渫ひ・攫ひ、四段)
さわ　**さは**　(沢・多)
さわぎ　**さわぎ**　(騒ぎ、四段)
さわり　**さはり**　(触り・障り、四段)

【し】

じ　**ぢ**　(路・道・痔)
しい　**しひ**　(椎)
しい　**しひ**　(強ひ・誣ひ、上二段)
じい　**ぢい**　(爺)
しいたげ　**しひたげ**　(虐げ、下二段)
しお　**しほ**　(塩・潮・機)
しお　**しほ**　(入)

しおさい	しほさゐ	（潮騒）
しおらし	しをらし	
しおり	しをり	（栞・枝折）
しおれ	しをれ	（萎れ、下二段）
じき	ぢき	（直）
しじみ	しじみ	（蜆）
しずか	しづか	（静か）
しずき	しづき	（沈き、四段）
しずく	しづく	（雫・滴）
しずみ	しづみ	（沈み、四段）
したい	したひ	（慕ひ、四段）
したがい	したがひ	（従ひ、四段）
しつらえ	しつらへ	（設へ、下二段）
しない	しなひ	（撓ひ、四段）
しめじ	しめぢ	（湿地）
しもうさ	しもふさ	（下総）
じゃ	ぢや	（断定の助動詞）
じゃ	ぢや	（「では」の転）
じゅうがつ	じふぐわつ	（十月）
しょうがつ	しやうぐわつ	（正月）
しょうぶ	しやうぶ	（菖蒲）
しわす	しはす	（師走）
しわぶき	しはぶき	（咳き、四段）

【す】

すいかずら	すひかづら	（忍冬）
すえ	すゑ	（末・陶・季）
すえ	すゑ	（据ゑ、ワ行下二段）
すおう	すはう	（周防）
すくい	すくひ	（救ひ・掬ひ、四段）
すじ	すぢ	（筋）
すずし	すずし	（涼し）
すずり	すずり	（硯）
ずつ	づつ	（宛）
すなわち	すなはち	（即ち）
すまい	すまひ	（住まひ）

すもう	**すまう**	（相撲）
すわり	**すわり**	（坐り、四段）

【せ】

せわし	**せはし**	（忙し）

【そ】

そう	**さう**	（然う・そのやうに）
そうだ	**さうだ**	（助動詞）
そうろう	**さうらふ**	（候）
そえ	**そへ**	（添へ・副へ、下二段）
そぐい	**そぐひ**	（適ひ、四段）
そこない	**そこなひ**	（損ひ・害ひ、四段）
そなえ	**そなへ**	（備へ・具へ・供へ、下二段）
そびえ	**そびえ**	（聳え、ヤ行二段）
そろえ	**そろへ**	（揃へ、下二段）
そわそわ	**そはそは**	（副詞の）

【た】

たい	**たひ**	（鯛）
たいら	**たひら**	（平ら）
たえ	**たへ**	（妙・栲）
たえ	**たへ**	（耐へ・堪へ、下二段）
たえ	**たえ**	（絶え、ヤ行下二段）
たおし	**たふし**	（倒し、四段）
たおやか	**たをやか**	（嫋）
たがい	**たがひ**	（互ひ）
たがえ	**たがへ**	（違へ、下二段）
たぐい	**たぐひ**	（類ひ、四段）
たぐえ	**たぐへ**	（類へ・比へ、下二段）
たくわえ	**たくはへ**	（貯へ・蓄へ、下二段）
たけなわ	**たけなは**	（酣・闌）
たじろぎ	**たぢろぎ**	（四段）
たずさえ	**たづさへ**	（携へ、下二段）

たずね　**たづね**（尋ね・訪ね・訊ね、下二段）
たたえ　**たたへ**（讃へ・称へ・湛へ、下二段）
たたかい　**たたかひ**（戦ひ、四段）
たたずみ　**たたずみ**（佇み、四段）
ただよい　**ただよひ**（漂ひ、四段）
たとえ　**たとへ**（譬へ・喩へ、下二段）
たまい　**たまひ**（給ひ、四段）
たまえ　**たまへ**（給へ、下二段）
たましい　**たましひ**（魂）
ためらい　**ためらひ**（躊躇ひ、四段）
たゆたい　**たゆたひ**（揺蕩ひ、四段）
たわいなし　**たわいなし**
たわむれ　**たはむれ**（戯れ、下二段）

【ち】

ちいさし　**ちひさし**（小さし）
ちかい　**ちかひ**（誓ひ、四段）
ちがえ　**ちがへ**（違へ、下二段）
ちぢみ　**ちぢみ**（縮み、四段）
ちょうず　**てうづ**（手水）

【つ】

つい　**つい**（副詞の。接頭語の）
つい　**つひ**（終）
つい　**つゐ**（対）
ついえ　**つひえ**（費え、ヤ行下二段）
ついたち　**ついたち**（一日）
ついに　**つひに**（遂に）
つえ　**つゑ**（杖）
つかい　**つかひ**（使ひ・遣ひ、四段）
つかえ　**つかへ**（仕へ、下二段）
つがえ　**つがへ**（番へ、下二段）
つくえ　**つくえ**（ゑ）（机）
つぐない　**つぐなひ**（償ひ、四段）

つくばい　つくばひ（蹲ひ・踞ひ、四段）
つくろい　つくろひ（繕ひ、四段）
つじ　つじ（辻）
つたえ　つたへ（伝へ、下二段）
つちかい　つちかひ（培ひ、四段）
つづみ　つづみ（鼓）
つどい　つどひ（集ひ、四段）
つまずき　つまづき（躓き、四段）
つわぶき　つはぶき（石蕗）
つわもの　つはもの（兵）

【と】

とい　とひ（樋）
とい　とひ（問ひ、四段）
どう　どう（如何）
とうげ　たうげ（峠）
とうとし　たふとし（尊し）
とお　とを（十）

とおし　とほし（遠し）
とおし　とほし（通し・透し・徹し、四段）
とおとうみ　とほたふみ（遠江）
とおり　とほり（通り、四段）
とこしえ　とこしへ（永久）
とじ　とぢ（閉ぢ、上二段）
とどこおり　とどこほり（滞り、四段）
ととのえ　ととのへ（整へ、下二段）
となえ　となへ（唱へ・称へ、下二段）
とのい　とのゐ（宿直）
とまどい　とまどひ（戸惑ひ、四段）
とむらい　とむらひ（弔ひ、四段）
ともえ　ともゑ（巴）
ともない　ともなひ（伴ひ、四段）
とらえ　とらへ（捕へ・捉へ、下二段）
とわ　とは（永久）

【な】

ない　なひ（綯ひ、四段）
ない　なゐ（地震）
なえ　なへ（苗）
なえ　なえ（萎え、ヤ行二段）
なお　なほ（猶・尚）
なおざり　なほざり（等閑）
なおし　なほし（直し、四段）
なからい　なからひ（仲らひ）
なずな　なづな（薺）
なずみ　なづみ（泥み、四段）
なぞえ　なぞへ（斜面）
なぞえ　なぞへ（準へ・擬へ、下二段）
なめくじ　なめくぢ（蛞蝓）
ならい　ならひ（習ひ・慣ひ・倣ひ、四段）
なりわい　なりはひ（生業）
なわ　なは（縄）
なんじ　なんぢ（汝）

【に】

にい　にひ（新）
にえ　にへ（贄）
にえ　にえ（錵。煮え、下二段）
にお　にほ（鳰）
におい　にほひ（匂ひ、四段）
にぎわい　にぎはひ（賑ひ・饒ひ、四段）
にじ　にじ（虹）
にない　になひ（担ひ・荷ひ、四段）
にわ　には（庭）
にわか　にはか（俄）
にわたずみ　にはたづみ（行潦）
にわとり　にはとり（鶏）

【ぬ】

ぬい　ぬひ（縫ひ、四段）

ぬかずき　**ぬかづき**　（額づき、四段）
ぬぐい　**ぬぐひ**　（拭ひ、四段）

【ね】

ねがい　**ねがひ**　（願ひ、四段）
ねぎらい　**ねぎらひ**　（労ひ・犒ひ、四段）
ねじけ　**ねぢけ**　（拗け、下二段）
ねらい　**ねらひ**　（狙ひ、四段）

【の】

のうし　**なほし**　（直衣）

【は】

はい　**はひ**　（灰・蠅）
はい　**はひ**　（這ひ、四段）
はいり　**はひり**　（入り、四段）
はえ　**はへ**　（蠅）
はえ　**はえ**　（映え・栄え・生え、ヤ行下二段）
はからい　**はからひ**　（計ひ、四段）
はじ　**はぢ**　（恥ぢ、上二段）
はず　**はず**　（筈）
はずし　**はづし**　（外し、四段）
はずみ　**はずみ**　（弾み、四段）
はにゅう　**はにふ**　（埴生）
はらい　**はらひ**　（払ひ・祓ひ、四段）
はらえ　**はらへ**　（祓へ、下二段）

【ひ】

ひいな　**ひひな**　（雛）
ひいらぎ　**ひひらぎ**　（柊）
ひかえ　**ひかへ**　（控へ、下二段）
ひきい　**ひきゐ**　（率ゐ、ワ行上一段）
ひざまずき　**ひざまづき**　（跪き、四段）
ひじ　**ひぢ**　（肘・肱・臂・泥）
ひずみ　**ひづみ**　（歪み、四段）
ひたい　**ひたひ**　（額）

ひとえに	ひとへに	（偏に）
ひまわり	ひまはり	（向日葵）
ひゅうが	ひうが	（日向）
ひるがえし	ひるがへし	（翻し、四段）
ひろい	ひろひ	（拾ひ、四段）
びわ	びは(ゎ)	（琵琶・枇杷）

【ふ】

ふえ	ふえ	（笛）
ふさわし	ふさはし	（相応し）
ふじ	ふじ	（富士）
ふじ	ふぢ	（藤）
ぶどう	ぶだう	（葡萄）
ふるい	ふるひ	（振ひ・奮ひ・震ひ・揮ひ、四段）
ふるえ	ふるへ	（震へ、下二段）

【へ】

へつらい	へつらひ	（諂ひ、四段）

【ほ】

ほうき	はうき・ははき	（箒）
ほうき	はうき	（伯耆）
ほうむり	はうむり	（葬り、四段）
ほうり	はふり	（放り・葬り、四段）
ほお	ほほ	（頬・朴）
ほおずき	ほほづき	（酸漿）
ほしい	ほしひ	（糒・乾飯）
ほしいい	ほしいひ	（乾飯）
ほのお	ほのほ	（炎・焰）

【ま】

まい	まい	（毎）
まい	まひ	（幣）
まい	まひ	（舞ひ、四段）
まいない	まひなひ	（賄ひ、四段）
まいり	まゐり	（参り、四段）
まえ	まへ	（前）

まがえ　まがへ（紛へ、下二段）
まかない　まかなひ（賄ひ、四段）
まぎらわし　まぎらはし（紛らはし）
まじえ　まじへ（交へ、下二段）
まじない　まじなひ（呪ひ、四段）
まじわり　まじはり（交り、四段）
まず　まづ（先づ）
まずし　まづし（拙し）
まずし　まづし（貧し）
まつわり　まつはり（纏はり、四段）
まとい　まとひ（纏ひ、四段）
まどい　まどゐ（円居）
まどい　まどひ（惑ひ、四段）
まわり　まはり（廻り・回り、四段）

【み】

みお　みを（澪）
みおつくし　みをつくし（澪標）
みじかし　みじかし（短し）
みず　みづ（水・瑞）
みずから　みづから（自ら）

【む】

むかい　むかひ（向ひ、四段）
むかえ　むかへ（迎へ、下二段）
むくい　むくい（報い、ヤ行上二段）
むこう　むかう（向う）
むずかし　むづかし（難し）

【め】

めい　めひ（姪）
めおと　めをと（夫婦）
めしい　めしひ（盲。目瘻ひ、上二段）
めずらし　めづらし（珍し）
めで　めで（愛で、下二段）

【も】

もい	**もひ**	(椀)
もう	**もう**	(副詞の)
もうけ	**まうけ**	(儲け・設け、下二段)
もうし	**まうし・まをし**	(申し、四段)
もうで	**まうで**	(詣で、下二段)
もえ	**もえ**	(萌え・燃え、ヤ行二段)
もじり	**もぢり**	(捩り、四段)
もちい	**もちひ**	(餅)
もちい	**もちひ**	(用ひ、上二段)
もちい	**もちゐ**	(用ゐ、ワ行上一段)
もとい	**もとゐ**	(基)
もとおり	**もとほり**	(彷り・回り、四段)
もみじ	**もみぢ**	(紅葉ぢ、上二段)
もやい	**もやひ**	(舫ひ、四段)
もよおし	**もよほし**	(催し、四段)
もらい	**もらひ**	(貰ひ、四段)

【や】

やおら	**やをら**	(副詞の)
やしない	**やしなひ**	(養ひ、四段)
やとい	**やとひ**	(雇ひ、四段)
やまい	**やまひ**	(病)
やよい	**やよひ**	(弥生)
やわ	**やは**	(和・柔)
やわらぎ	**やはらぎ**	(和らぎ、四段)

【ゆ】

ゆい	**ゆひ**	(結ひ、四段)
ゆう	**ゆふ**	(夕・木綿)
ゆうがた	**ゆふがた**	(夕方)
ゆうべ	**ゆふべ**	(夕)
ゆうべ	**ゆうべ**	(昨夜)
ゆえ	**ゆゑ**	(故)
ゆえん	**ゆゑん**	(所以)
ゆくえ	**ゆくへ**	(行方)

ゆずり　**ゆづり**　（譲り、四段）

【よ】

よう　**よう**　（意志・推量・勧誘の助動詞）
よい　**ゑひ**　（酔ひ、四段）
よい　**よひ**　（宵）
よう　**やう**　（さま・様子を表す名詞）
ようか　**やうか**　（八日）
ようだ　**やうだ**　（比況・例示・推定ほかを表す助動詞）
ようやく　**やうやく**　（漸く）
よこたえ　**よこたへ**　（横たへ、下二段）
よじ　**よぢ**　（攀ぢ、上二段）
よじり　**よぢり**　（捩り、四段）
よそおい　**よそほひ**　（装ひ・粧ひ、四段）
よろい　**よろひ**　（鎧ひ、四段）
よろず　**よろづ**　（万）
よわ　**よは**　（夜半）
よわい　**よはひ**　（齢）
よわし　**よわし**　（弱し）

【わ】

わきまえ　**わきまへ**　（辨へ、下二段）
わこうど　**わかうど**　（若人）
わざおぎ　**わざをぎ**　（俳優）
わざわい　**わざはひ**　（災ひ・禍ひ）
わずか　**わづか**　（僅）
わずらい　**わづらひ**　（煩ひ・患ひ、四段）
わらい　**わらひ**　（笑ひ・嗤ひ、四段）
わらじ　**わらぢ**　（草鞋）
わらわ　**わらは**　（童・妾）

あとがき

みなさんごぞんじかどうか、「ナウい」なんていふ老人語（？）があります。いつときの若者語でしたが、当世風であるといふやうな意味です。いふまでもなく英語「ナウ」に日本語の形容詞語尾「い」をつけて造作したもので、かういふ造語法を学者は「混淆」と言つたりしますが、それはともかく、旧かなだの文語だのといふのは、いまやナウいのではないかといふ気がします。

キモい、ケバい、コクる、油ギッシュの類、私は推奨するわけではありませんが、遠い平安朝のむかしから結構やつてゐたものです。

「キモい」は「きもちわるい」の縮約なのださうですが、「なんといふことだ」

をなんチューことだなんて言ひますね。これは縮約で万葉びともやってゐます。「ちふ」と書いてチューと読みます。「といふ」はほかにトー（とふ）と言ったりチョー（てふ）と言ったりしました。行かうとするの意味の「行かんとす」は行かムズなんて言ひましたので、私たちは古文の授業で教はらなくてはなりませんでした。

「らふ（臈）たけて」などは「油ギッシュ」の類です。「らうらうじ（労労じ）」もまたケバいの類です。料理することは「れうる」と言って、江戸文学を読むためにはどうしても必要な知識ですが、これなどコクる、ネグると同類です。

われらの先輩も、よくまあやってくれたものです。

これらは発音どほりに書いたのでは意味がわかるわけもないのですが旧かなだったので長い生命が獲得できました。

また、平安時代の色好み平貞文は、牛車から漏れ出た緋《ひ》色の出《いだ》し衣《ぎぬ》の女に思ひをかけ、

ももしきの袂の数は知らねども　わきて思ひの色ぞ恋ひしき

と歌を詠みかけて、みごと恋を遂げてゐます。旧かなでなくてはかなはぬ離れ業でしたが、いまやみなさんもいかがでせう。

本書はすこしは理屈つぽいことも言ひましたが、いはゆる旧かなの楽しさを語つたつもりです。同好会などできないものでせうか。

萩野貞樹

萩野貞樹（はぎの・さだき）

1939年－2008年。一橋大学法学部卒、元産業能率大学教授。

1970年、「辻村敏樹氏の敬語説への疑問」で「月刊文法賞」を受賞。1971年、「「人間教育」論をめぐって」で「自由新人賞」を受賞。雑誌『自由』『日本及日本人』などを中心に、国語学、日本語系統論、神話論などに関する論考を多数発表した。

著書に『敬語の基本ご存じですか』(二見レインボー文庫)『みなさんこれが美しい日本語ですよ』(リヨン社)『ほんとうの敬語』(PHP新書)『旧仮名づかひで書く日本語』(幻冬舎新書)『舊漢字』(文春新書)など多数。


本書は、2003年9月にリヨン社より刊行された単行本を文庫化したものです。

二見レインボー文庫

旧《きゅう》かなを楽《たの》しむ

著者 萩野貞樹《はぎのさだき》

発行所 株式会社 二見書房
東京都千代田区三崎町2-18-11
電話 03(3515)2311 [営業]
03(3515)2313 [編集]
振替 00170-4-2639

印刷 株式会社 堀内印刷所
製本 株式会社 村上製本所

落丁·乱丁本はお取り替えいたします。
定価は、カバーに表示してあります。

ISBN978-4-576-15171-7
http://www.futami.co.jp/